Generis

PUBLISHING

JEAN KARIM COLY

LA DÉMOCRATIE: UN FACTEUR FONDAMENTAL POUR LE DEVELOPPEMENT ECONOMIQUE ET DURABLE DE L'AFRIQUE DE L'OUEST ET POUR LA STIMULATION DU COMMERCE INTERNATIONAL

Title: LA DÉMOCRATIE : UN FACTEUR FONDAMENTAL POUR LE DEVELOPPEMENT ECONOMIQUE ET DURABLE DE L'AFRIQUE DE L'OUEST ET POUR LA STIMULATION DU COMMERCE INTERNATIONAL

Author: JEAN KARIM COLY

ISBN: 978-1-63902-170-3

Cover image: www.pixabay.com

Publisher: Generis Publishing
Online orders: www.generis-publishing.com
Contact email: info@generis-publishing.com

REMERCIEMENTS

Je tiens tout d'abord à remercier Dieu le tout puissant et miséricordieux, qui m'a donné la force et la patience d'accomplir ce Modeste travail.

J'aimerais en premier lieu remercier Mon professeur, Mr. Luiz Alexandre Carta Winter, qui, par ses conseils et ses commentaires, a su m'orienter dans la réalisation de ce travail. Ses connaissances, son esprit critique et sa grande patience m'ont permis d'aller au bout de ce travail avec détermination et méthodologie. En second lieu, je tiens à remercier toutes les personnes dans les institutions publiques et organisations professionnelles au Brésil, au Sénégal et en Guinée-Bissau qui m'ont bien accueillie et ont mis à ma disposition de nombreuses informations sur mon sujet d'étude. Par leur disponibilité, leur serviabilité et leurs compétences, ils ont grandement contribué à la mise sur pied de ce travail. Ainsi, je tiens tout particulièrement à exprimer ma gratitude à monsieur Dionilson Diamantinho Joaquim Ferreira, directeur des affaires bilatérales de la direction générale de la politique externe du Ministère des affaires étrangères de la Guinée-Bissau, ainsi que Mme Maria Domingas Tavares Pinto Cardoso qui a été mon professeur de Portugais à l'UCAD/Dakar, à monsieur Idrissa Diagne, Ingénieur Statisticien Economiste DPEE/ Dakar-Sénégal et à Mme Sikiratou Bada, Assistante Communication à la GIABA / Dakar, qui n'ont pas hésité à m'offrir leur aide tout au long de ma recherche. Je tiens également à remercier toutes les personnes qui m'ont aidé durant ces années d'études ici au Brésil je veux nommer ma tutrice Wilzeli Rejane Do Amaral, son fils Welton Do Amaral, Raphael Sousa et Priscila Carmezim Nassif qui m'ont beaucoup aidé durant mes premiers mois au Brésil, je vous en serais toujours reconnaissant, merci également aux cabinets d'avocats Lcosta où j'ai fait mon premier stage avec Dr. Leonardo Costa et aussi à Pereira Gionédis Advogados avec Dra. Louise Rainer Pereira Gionédis et mon superviseur Dr. Sandro Rafael Bonatto, qui m'ont toujours encouragé et m'ont permis aussi d'effectuer mon voyage de recherches. Aussi je tiens à remercier au fond du cœur deux personnes exceptionnelles avec qui j'ai cheminé durant ces années et elles ont toujours été là pour me soutenir dans mes études je veux nommer Kamilla Da Silva et Gabriella Natasha de Souza, un grand merci du fond du cœur pour toute l'aide que vous m'avez apporté. J'exprime toute ma reconnaissance et gratitude à l'administration, spécialement à Eva Curelo, Dayane et GLair Braun et à l'ensemble du corps enseignant de la PUCPR, pour leurs efforts à nous garantir la continuité et l'aboutissement de notre formation académique et professionnelle. Et je ne peux aussi oublier d'exprimer toute ma gratitude envers une personne qui a beaucoup participé pour l'aboutissement de ce travail je veux nommer Mme Annie Thérèse Diatta, merci du fond du cœur pour l'aide que vous m'avez apporté je vous en serai éternellement reconnaissant.

Enfin, je tiens à remercier ma famille, mes parents Isidore Coly, Raoul Abel Aurélien Pereira, Pauline Coly, Henriette Diatta, Roseline Hortense Coly, Caroline Coly, Tata Agnès Diouf, Tata Cécile, Philomène Sambou, mes frères et sœurs, mes amis, Ezechiel Germain Yakham Thione, Marcel Diouf, Plínio Diouf, Marie Jo, Hubert Augustin Ndour, Jean Robert Sitor Ndour, Nicolas Mendy, Jean L B Mendy, Elie Joseph Bassene, Barthélémy Tine, Lorna Sanca, Augimar Sanca, Aziz Diop, Diabel Barro, Aimé Dionou Nassekan, Elie Joseph Badji, Fatima Diallo, Joël Manga, Aboubacar Diop Diabaté et les Élites Sénégalaises (L.E.S) qui, par leur soutien et leur compréhension, m'ont aidé à passer à travers les longues heures de rédaction. Les efforts qu'ils ont déployés au quotidien pour m'épauler moralement ont été d'une valeur inestimable dans les moments de doute.

Au cours de ma vie, je me suis entièrement consacré à la lutte du peuple africain. J'ai lutté contre la domination blanche et j'ai lutté contre la domination noire. Mon idéal le plus cher a été celui d'une société libre et démocratique dans laquelle tous vivraient en harmonie et avec des chances égales. J'espère vivre assez pour l'atteindre. Mais si cela est nécessaire, c'est un idéal pour lequel je suis prêt à mourir.

NELSON MANDELA

SOMMAIRE

INTRODUCTION

Bien que l'Afrique de l'Ouest représente une grande partie de la population du continent, sa place dans l'économie mondiale reste très faible.

Le Centre africain pour le commerce, l'intégration et le développement (CACID), en partenariat avec ENDA TIERS MONDE, a présenté un rapport évaluant les comportements du commerce de la sous-région ouest africaine avec le reste du monde, qui est principalement soutenu par l'exportation de deux catégories: les ressources minérales (pétrole, manganèse, fer) et les produits agricoles (cacao, coton). En ce qui concerne les importations, elles sont composées de produits de consommation courants tels que les carburants et les produits[1].

Il est également noté que le commerce intra régional en Afrique de l'Ouest est très faible en raison de nombreuses contraintes, les disparités entre les politiques commerciales créant une incohérence avec l'Union économique et monétaire ouest-africaine (UEMOA) et la Communauté économique des États de l'Afrique de l'Ouest (CEDEAO). Il existe également des obstacles administratifs, tels que la corruption, qui empêchent le développement du commerce dans la région.[2]

A cet égard, et à la lumière de la production de l'information, il est crucial l'importance de la participation des auteurs et chercheurs, qui sont intégrés dans un engagement professionnel à la production, pour clarifier les différents aspects du thème, éventuellement clarification qui peut conduire à un consensus social ou politique, capable de relever le défis pour le développement économique de la sous – région, mais aussi la préservation de la dignité de la vie humaine et assurer une meilleure condition de vie de la population en respectant les principes de la démocratie. Car, on ne peut plus, aujourd'hui, mesurer le développement simplement en termes de croissance économique, mais on doit également le juger sur les bases des progrès réalisés dans la satisfaction des besoins humains fondamentaux, dans la construction de la démocratie, le respect

---

[1] La situation des échanges commerciaux en Afrique de l'Ouest. Article de:https://www.leral.net/La-situation-des-echanges-commerciaux-en-Afrique-de-l-Ouest-passee-au-crible_a64457.html. Consulté le 18/02/2018.
[2] BAKOUMA, Jean. Contraintes et freins au commerce intra-africain de bois, 2007. Article disponible sur: http://www.jeanbakouma.com/Textes/Contraintes%20et%20freins%20au%20commerce.pdf. Consulté le 18/02/2018.

des droits de l'homme, l'instauration de la justice sociale et de la prééminence du droit ainsi que dans la protection des ressources naturelles.[3]

Il faut rompre le cercle vicieux du sous-développement qui rime avec forte croissance démographique, pauvreté et dégradation de l'environnement, en intégrant les objectifs et les exigences de la croissance économique, en assurant une participation démocratique de la totalité de la population, ainsi qu'une répartition plus équitable des avantages du système économique et en veillant à la préservation de l'environnement.[4]

Mais les institutions régionales sont souvent des structures désincarnées ayant peu de prise sur le réel et généralement encore peu efficaces. Au même titre que l'Etat, ces institutions sont confrontées à un problème de légitimation et de financement pérenne. Les principales causes en sont l'absence de démocratie dans leur composition et leur fonctionnement, l'indigence de la politique de communication et la difficulté de mesurer leurs performances. Ces institutions doivent encore trouver une articulation avec les Etats, les politiques nationales et les dynamiques régionales et mondiales.[5]

Les échecs des modèles de développement imposés dans le monde arabe et la faillite des pouvoirs personnels, autoritaires et oligarchiques, qui ont généré des "dynasties" de rapaces et de corrompus incapables d'entrevoir un rapport politique à leur société, ont, pour partie, déclenché le phénomène de "retour à la source" dans une bonne partie de la société arabe, ce qui traduit une forme de malaise socio-psychologique.[6]

La démocratie du printemps arabe a vu l'émergence et la prise de pouvoir de mouvements islamo-conservateurs qui étaient soit interdits, soit tenus à l'écart de la vie politique par les anciens pouvoirs laïcisant issus de la guerre froide. Ce retour au pouvoir des clergés et d'un islam politique a accentué les batailles d'influences trans-territoriales entre confréries, menant à la situation que l'on connaît par exemple en Syrie. Ce pays fait en effet face à une guerre au niveau régional et confessionnel, ou le courant sunnite régional le plus radical

---

[3] Rapport sur l'interdépendance et la solidarité Nord-Sud, Rapporteurs: M. AARTS, Pays-Bas, Démocrate-Chrétien, et M. HOLTZ, Allemagne, SPD. Document disponible sur :http://www.assembly.coe.int/nw/xml/XRef/X2H-Xref-ViewHTML.asp?FileID=6921&lang=fr. Consulté le 19/02/2018.
[4] Ibid
[5] POUR UNE GOUVERNANCE DÉMOCRATIQUE, Document d'orientation de la politique de française. Disponible sur :https://www.diplomatie.gouv.fr/IMG/pdf/Pour_une_gouvernance_democratique-2.pdf . Consulté le 18/02/2018.
[6] Nsiri, Elarbi Mohamed , Le printemps arabe et le défi démocratique, 2013. Article disponible sur : http://www.huffpostmaghreb.com/mohamed-arbi-nsiri/le-printemps-arabe-et-le-_b_3700900.html. Consulté le 19/02/2018.

tente de mettre à mal le croissant chiite en s'attaquant à sa composante la plus hérétique selon lui mais aussi la plus laïque selon les critères occidentaux.[7]

Pourtant, le printemps arabe marque un passage épistémologique vers l'application du fameux principe athénien du "*demos cratos*", c'est à dire "le gouvernement du peuple, par le peuple, pour le peuple" selon la fameuse expression d'Abraham Lincoln, de sorte que l'idée de démocratie directe doive se rapporter à différentes conceptions de l'exercice direct de la souveraineté par le peuple.[8]

Pour NSIRI, si, aujourd'hui, le terme de démocratie renvoie généralement à l'idée de gouvernement représentatif, il fut longtemps associé à celle de démocratie directe, notamment en référence à la démocratie athénienne, où les citoyens réunis en assemblée décidaient des lois.

Nous nous intéressons à la pertinence et l'efficacité des stratégies mises de l'avant jusqu'à ce jour pour comprendre comment les principales actions du processus de démocratisation en Afrique de l'Ouest peuvent être une solution pour l'intégration et le développement de la Région. La démocratie est un facteur fondamental pour un développement économique durable mais aussi nécessaire pour que le développement économique se poursuive. Mais cette démocratie africaine peut-elle répondre aux défis du développement de la Région ? En d'autres termes, nous voulons savoir quels sont les défis à relever pour assurer le développement de l'Afrique de l'Ouest et aussi comment stimuler le commerce intra-régional et international pour permettre cette partie de l'Afrique de se hisser au rang des grands.

Ainsi, la ligne de travail reflète cependant le souci de répondre à cette ambivalence, à travers une alternative basée sur l'intégration. Pour ce faire, nous avons opté pour la méthode déductive, qui infère les faits observés dans les règles générales, ce qui nous permettra surement de comprendre comment les principales actions du processus de démocratisation en Afrique de l'Ouest peuvent être une solution pour l'intégration et le développement de la Région. Concernant la rédaction de ce travail, notre étude s'appuie tout d'abord sur une technique documentaire qui consiste à examiner les différents documents susceptibles de fournir les vérités que nous recherchons dans notre travail. Sur le plan géographique, notre travail porte essentiellement sur la zone de l'Afrique de l'Ouest en s'appuyant sur les différentes organisations régionales de cette zone.

---

[7] LATSA, Alexandre, Printemps arabe: l'échec de la démocratie en Orient? 2013, Disponible sur : https://www.mondialisation.ca/printemps-arabe-lechec-de-la-democratie-en-orient/5342311. Consulté le 19/02/2018.
[8] Ibid.

Donc l'objectif principal de cette étude est de faire une analyse systématique de la démocratie africaine, ensuite étudier les défis majeurs á relevé pour le développement de l'Afrique en particulier de l'Afrique de l'Ouest. Alors, dans cette étude, il est nécessaire d'analyser tous ces facteurs afin de trouver des solutions pour stimuler le commerce intra-régional et international. Nous structurons notre étude en quatre chapitres.

À cette fin, dans le premier chapitre, une étude de cas a été élaborée sur le commerce en Afrique de l'Ouest et le processus d'indépendance du continent africain, plus spécifiquement en Afrique de l'Ouest. La France et la Grande-Bretagne étaient de grandes puissances coloniales, mais avec des approches différentes pour le traitement des populations autochtones. Les Anglais ont montré une position de supériorité et les Français une position de mépris, même après la révolution française, alors que les nouveaux républicains voulaient imposer forcément ce qu'ils appelaient des valeurs "*universelles*".[9] Alors, dans la partie initiale de la présente étude, les points saillants de l'histoire du processus d'indépendance du continent noir sont discutés.

Frantz FANON, écrivait: "chaque génération dans une relative opacité doit découvrir sa mission, la remplir ou la trahir"[10]. La dernière génération des africains s'est fait de la lutte politique pour la décolonisation un idéal. La présente doit bâtir un continent, asseoir son économie, développer son potentiel.[11]

Dans la deuxième partie, le but est de proposer des solutions pour une nouvelle réflexion sur la compréhension du modèle démocratique occidental en Afrique qui est souvent limitée lors des élections face aux crises multiformes des États africains, en raison du non-respect des règles, l'égalité des citoyens devant la loi et la liberté d'expression, principes caractéristiques de la démocratie, souvent violés. Donc, de montrer comment les élections tenues dans la plupart des pays africains, des candidats achètent la conscience des électeurs et falsifient les résultats. Nous tenterons de démontrer la caractéristique fondamentale du système démocratique des États africains qui n'aurait pas d'impact réel et serait affectée par une crise permanente, tant par son insuffisance, son inapplicabilité et son inefficacité, et ce problème ne peut être réalisé sans les acteurs politiques, l'imposition d'une démocratie sociale, mais aussi sans la société ou les groupes de personnes qui constituent la communauté.

---

[9] Article de :http://rwandaises.com/2010/05/afrique-50-ans-dindependance-des-pays-africains-echec-et-mat-selon-joel-t-godonou/. Consulté le 16/02/2018.
[10] FANON, F. Les damnés de la terre (1961), éd. La Découverte, Paris, p.151
[11] Ibid.p.151.

Et il faut prendre en compte l'aspect de l'identité nationale, régionale ou même ethnique, de sorte qu'il peut arriver à considérer le constitutionnalisme

Pour le troisième chapitre, la justice et la démocratie sont considérées comme des instruments de développement de la région et la stimulation du commerce international. Il est impossible de parler de démocratie sans penser à la justice.

Selon le rapport de l'assemblée parlementaire du Conseil de l'Europe du 8 juillet 1999, la démocratie est un facteur fondamental pour le développement économique et durable, car elle représente la meilleure garantie contre l'instabilité économique, tant au niveau national qu'international.[12]

Dans le quatrième chapitre, l'Organisation mondiale du commerce (OMC) et les blocs régionaux de l'Afrique de l'Ouest sont évalués. L'objectif principal de l'OMC[13] est de promouvoir autant que possible l'harmonie, la liberté, l'équité et la prévisibilité du commerce, d'améliorer le bien-être des personnes sur la planète et de collaborer à la réduction des obstacles au libre-échange avec les producteurs de biens et de services, avec des exportateurs et des importateurs, en vue de l'avancement de leurs activités. L'objectif est donc de comprendre les résultats concernant la coopération économique en ce qui concerne la CEDEAO, et ensuite faire une étude des relations commerciales entre l'Afrique de l'ouest et le Mercosur: étude de cas du brésil.

Et pour le dernier chapitre, nous essayerons d'apporter des réflexions sur la protection des consommateurs au Sénégal, quelles menaces potentielles pour le bien-être des consommateurs dans la région de la CEDEAO et dans la zone continentale africaine de libre-échange (ZLECAf) dans la perspective de l'intégration économique de la communauté de l'Union Africaine (UA).

L'argument principal de cette recherche est que le processus peut être lu conformément aux objectifs de la politique de concurrence dans le domaine de la CEDEAO, soulignant clairement les problèmes de cette politique pour le dynamisme de l'économie. Le développement économique et social de la région apparaît comme une priorité.

Cependant, dans ce premier objectif, la CEDEAO se concentre sur l'intégration régionale. En fait, la politique de la concurrence joue un rôle déterminant dans cet espace économique pour atteindre l'objectif de construire un marché régional commun capable de garantir aux états de la région une

---

[12] ELO, M. Mikko, Démocratie et développement économique, 1999. Rapport disponible sur :http://assembly.coe.int/nw/xml/XRef/X2H-Xref-ViewHTML.asp?fileid=8028&lang=FR. Récupéré le 19/02/2018.

[13] OMC. Document disponible sur : https://www.wto.org/french/thewto_f/whatis_f/inbrief_f/inbr02_f.htm. Consulté le 16/02/2018.

intégration réussie dans l'économie mondiale du XXIe siècle.[14] Dans le cadre de cette étude, il s'agira avant tout de savoir si l'intégration régionale est un facteur de développement. D'autre part, on se demande si les principes de l'intégration régionale vont dans la même direction que le libre-échange préconisé par l'OMC.

---

[14] NGOM, Mbissane. « Intégration régionale et politique de la concurrence dans l'espace CEDEAO », Revue internationale de droit économique, vol. t.xxv, no. 3, 2011, pp. 333-349.

I- LE COMMERCE EN AFRIQUE DE l'OUEST ET LE PROCESSUS D'INDÉPENDANCE

L'un des fondements essentiels qui ont guidé la politique économique de la plupart des pays africains depuis leur accession á l'indépendance est celui du rôle réservé á l'Etat.[15]YACINE-TOURE, soutien que l'Etat africain s'est d'emblée emparé du pouvoir de décision et d'exécution de la politique économique en s'inspirant d'exemples historiques empruntés á l'occident. Cette action devait permettre à l'Etat d'avoir un contrôle sur l'orientation de la politique économique, l'investissement et la gestion des ressources nationales de chaque pays. Pour l'auteur, cet avantage devait garantir un développement rapide et accéléré pour obtenir un changement élevé de la formation du capital. Mais le rôle destiné à l'Etat africain dans la politique de développement économique et social est encore très en retard ainsi il faut penser à le reformuler pour espérer atteindre ces objectifs.

Ainsi, YACINE-TOURE dans son article cite Adam Smith :

> "Dans ses recherches sur la nature et les causes de la richesse des nations, attribuait à l'Etat, en 1776, trois fonctions principales : la défense nationale ; le maintien, le respect de l'ordre et du droit public ; et la création et l'entretien de certains ouvrages et travaux publics que des individus ou des groupes d'individus ne voulaient prendre le risque d'entreprendre. Et c'est dans cette même vision que Keynes, un autre père de l'économie classique libérale, partage le point de vue de Smith."[16]

En fait, selon YACINE-TOURE, ces deux auteurs évaluent que la justification principale d'une économie et des institutions le composant est son aptitude à satisfaire les besoins du consommateur en biens et services. Car pour ces deux économistes tant que ces besoins peuvent être satisfaits par les entreprises privées, donc il faut leur accorder ce rôle et confier à l'Etat celui de satisfaire les besoins non pris en charge par les entreprises privées.

L'intervention de l'Etat à l'accroissement des ressources nationales devait consister essentiellement à créer les conditions favorables à la formation d'investissement dans le secteur privé et à renforcer les institutions nécessaires

---

[15] YACINE-TOURÉ, Ben. Chapitre II. L'État africain et le développement économique In : Afrique : l'épreuve de l'indépendance [en ligne]. Genève : Graduate Institute Publications, 1983. Disponible sur Internet: <http://books.openedition.org/iheid/4339>. ISBN : 9782940549450. DOI : 10.4000/books.iheid.4339. Récupéré le 02/12/201.

[16] AFRIQUE : L'ÉPREUVE DE L'INDÉPENDANCE. Document disponible sur : http://books.openedition.org/iheid/4339?lang=fr. Consulté le 02/12/2017.

au bon fonctionnement des mécanismes du marché et de l'économie,[17] affirmait YACINE-TOURE.

Ainsi sur le plan de développement économique, YACINE-TOURE définissait le rôle de l'Etat comme celui "de contribuer à élargir son domaine d'intervention vers une prise en charge plus importante dans les activités économiques et sociales, dans le domaine de la répartition des ressources, l'infrastructure économique, il doit aussi éliminer ou corriger le fonctionnement spontané du marché dans le maintien de l'ordre pour favoriser le développement économique".[18]

Pour une bonne distribution et une bonne gestion des ressources nationales, l'Etat doit d'abord garantir la sécurité, l'ordre et le respect de la loi pour ainsi mieux veiller sur le bon fonctionnement du marché.

En effet, l'analyse très pertinente de YACINE-TOURE, nous permet de comprendre que l'Etat doit avoir la capacité de contrôler certains domaines comme par exemple les subventions, la fiscalité, le contrôle des prix, les taxes ou subventions à l'exportation, le contrôle des changes et le quota des importations pour permettre l'accroissement des ressources disponibles et le contrôle de leur répartition. Même si les Etats africains n'ont toujours pas atteint leur véritable rôle pour assurer le développement, cette politique économique copiée á l'occident a été adoptée par la plupart des Etats africains depuis leur accession á l'indépendance jusqu'á présent.[19]

Mais, plus de cinquante ans après les indépendances, l'autorité de l'Etat africain et son monopole sur les activités économiques et sociales se résume par une grande stagnation et une faible participation dans le commerce international.

Ceci montre qu'il est temps de définir vraiment le "rôle qu'il faut conférer à l'Etat africain dans le domaine du développement économique et social". Car ce n'est pas en copiant un système occidental que les Etats africains vont réussir á sortir leurs peuples de leur état de sous-développement ou de pauvreté.[20] L'Etat africain rêve trop avec ce système occidental depuis des décennies. Faudra-t-il encore rappeler aux dirigeants africains que la politique de développement économique et social de l'Afrique empruntée depuis l'indépendance a échoué car c'est un développement imposé et étranger aux réalités de l'Afrique ?

---

[17]YACINE-TOURÉ, Ben. Chapitre II. L'État africain et le développement économique In : Afrique : l'épreuve de l'indépendance [en ligne]. Genève : Graduate Institute Publications, 1983. Disponible sur Internet : <http://books.openedition.org/iheid/4339>. ISBN : 9782940549450. DOI : 10.4000/books.iheid.4339. Récupéré le 02/12/201.
[18] Ibid.
[19] Ibid.
[20] Ibid.

Ce modèle occidental importé comme ce fut le cas de la plus part des pays de l'Afrique de l'Ouest ne répond pas nécessairement aux besoins du développement de ces sociétés. Mais les dirigeants africains continuent de faire semblant comme s'ils se rendaient pas compte qu'ils se sont engagés dans une voie de développement asservie à la raison "technocratique et au rationalisme de la civilisation occidentale, cette civilisation que l'Occident présente comme le fondement de toute connaissance théorique et pratique du développement."[21] La Banque Mondiale et le Fonds Monétaire International (FMI) ont lancé fin 1999 une initiative conjointe qui place la lutte contre la pauvreté au cœur des politiques de développement.[22]

YACINE-TOURE dénonce lourdement ce système incompatible et souligne que "cette voie de développement dans laquelle les populations africaines ont été entraînées par leur dirigeants est sans succès pour sortir les sociétés africaines dans la pauvreté, mais avantageuse pour l'Occident qui y tire profit des ressources naturelles avec des dirigeants africains corrompus qui se plient a un système incompatible et condamne les africains á vadrouiller dans un système qu'ils ne dominent pas et d'ailleurs qu'ils ne domineront jamais."[23]

Alors ne faut-il pas s'interroger sur le processus d'indépendance de l'Afrique ?

Est-ce réellement une indépendance totale qui a été accordée aux Etats africains ou une identité tout court ?

Cependant, s'il s'agit de développement faut noter que c'est un phénomène socioculturel global qui comporte des variables politiques, socio-économiques et culturelles, soutient YACINE-TOURE.

---

[21] Ibid.
[22] CLING, Jean-Pierre, RAZAFINDRAKOTO, Mireille et ROUBAUD, François. Les nouvelles stratégies internationales de lutte contre la pauvreté - IRD Éditions/Économica - Collection : Coédition – 2003.
[23] YACINE-TOURÉ, Ben. Chapitre II. L'État africain et le développement économique In : Afrique : l'épreuve de l'indépendance [en ligne]. Genève : Graduate Institute Publications, 1983. Disponible sur Internet : <http://books.openedition.org/iheid/4339>. ISBN : 9782940549450. DOI : 10.4000/books.iheid.4339. Récupéré le 02/12/201.

1 Le processus d'indépendance et la formation des états-nations

La décolonisation est généralement vue en Occident comme «*la dissolution des empires*»[24].

Dans son article, HEITZ explique comment, le retrait des puissances coloniales s'est accompagné d'une lutte intense dans le repositionnement des ex-colonies par les partis politiques nouvellement créés.

Ainsi, même si au Sénégal il y'a pas eu de bain de sang comme dans certains des pays africains la plupart des pays lusophones pendant le processus de décolonisation, mais il faut noter quelques temps obscurs que le plus grand parti politique sénégalais a traversé pour arriver à arracher son indépendance grâce aux objectifs et buts poursuivis au cours des différentes phases du processus de décolonisation durant des années.[25]

En Afrique occidentale française (AOF), le Sénégal a été le premier pays à avoir un système multiparti et des assemblées représentatives. En raison des liens étroits avec la France, de l'opposition radicale de certains partis ou groupes, le rôle du Sénégal était particulièrement important du point de vue de l'histoire politique dans l'AOF.[26] Le Sénégal a toujours été une grande nation politique au sein de l'Afrique de l'Ouest et il a su garder cet héritage jusqu'à nos jours ce qui explique sa démocratie exemplaire dans le continent et même dans le monde.

Ainsi, le Sénégal avait fixé trois objectifs principaux lors de ce processus de décolonisation: améliorer les conditions de vie, éliminer le système colonial et sa structure raciste et rétablir la dignité et l'identité culturelle de son peuple.

La Seconde Guerre mondiale constitue un accélérateur dans une évolution déjà ancienne. La Première Guerre mondiale avait contribué à ébranler les empires coloniaux et des mouvements nationalistes luttant contre la domination coloniale s'étaient formés dans l'entre-deux-guerres. Mais c'est véritablement la Seconde Guerre mondiale qui a été le catalyseur du mouvement d'émancipation des peuples coloniaux.[27]

Ainsi, avec l'évolution de la conscience internationale, "les puissances impérialistes commencent à reconnaître que la civilisation n'est l'apanage d'aucun peuple et que la liberté que les africains venaient de défendre aux côtés

---

[24] HEITZ, Kathrin. « Décolonisation et construction nationale au Sénégal », Relations internationales, vol. 133, no. 1, 2008, pp. 41-52.
[25] Ibid.41-52
[26] Ibid.p.42-52.
[27] La décolonisation et ses conséquences 1945 fin des annees 1980. En savoir plus sur http://www.lemonde.fr/revision-du-bac/annales-bac/histoire-terminale/la-decolonisation-et-ses-consequences-1945-fin-des-annees-1980_t-hrde124.html#K4FcQIoPLhumxKsr.99. Consulté le 19/02/2018.

de leurs frères européens est aussi chère aux uns qu'aux autres"[28]. À la fin de la Seconde Guerre mondiale, presque tous les pays africains sont devenus indépendants. Petits ou faibles, divisés par des années de balkanisation coloniale, ces nouveaux Etats n'avaient pratiquement aucun poids sur le plan international; ils étaient à la merci du monde industrialisé, capable de leur imposer le même degré de contrôle après la décolonisation qu'auparavant.[29]

L'Afrique-Occidentale française (A.O.F.) : cette fédération, regroupant entre 1895 et 1958 huit colonies françaises d'Afrique de l'Ouest, avait pour objectif de coordonner sous une même autorité la pénétration coloniale française sur le continent africain.[30]

La Fédération du Mali, composée à l'origine du Sénégal et du Soudan, a accédé à l'indépendance en juin 1960, sous le parrainage de la France, et a été proclamée le 19 août 1960 lors de la dissolution de la Fédération du Mali. Pour DAGENAIS, après l'indépendance en 1960, les pays francophones de l'Afrique de l'Ouest ont adopté des idéologies politiques qui ne pouvaient pas les rendre productives pour faire avancer les progrès sociaux et économiques réels dans la société.[31]

Entre 1955 et 1965, la plupart des pays étaient libres de la tutelle européenne de manière très différente, mais avec l'arriération de la décolonisation et la persistance des structures coloniales, les difficultés de ce processus, qui sont les causes de l'instabilité politique qui persistent dans beaucoup de pays jusqu'à présent.

Dans un climat de désorganisation sociale de ce genre, il est inévitablement de voir émergé le désir de puissance au moyen de coups, déjà noté depuis 1963 au Togo et au Bénin, puis au Burkina Faso (1965) et au Mali (1968), selon SANOGO[32], "Cette situation a encouragé l'autoritarisme sous ses

---

[28] SYLLA, Fodé, Almamy. L'itinéraire sanglant. ERTI, 1985 - 191 pages.

[29] DOUKA ALASSANE, Mahamidou, Le rôle des acteurs sous-régionaux dans l'intégration économique et politique: l'étude de cas de la CEDEAO, 2006. Mémoire disponible sur : https://www.memoireonline.com/10/07/625/m_role-acteurs-sous-regionaux-integration-eco-politique-cedeao1.html. Consulté le 29/01/2018.

[30] Document disponible sur : https://www.africa-onweb.com/histoire/afrique-occidentale-fran%C3%A7aise.htm. Consulté le 19/02/2018.

[31] DAGENAIS, Dominic, La décolonisation Mali et au Sénégal, 1958-1962: Essai d'explication d'une évolution politique contrastée.2006. Mémoire disponible sur : https://papyrus.bib.umontreal.ca/xmlui/bitstream/handle/1866/16837/Dagenais_Dominic_2005_memoire.pdf?sequence=1. Récupéré le 19/02/2018.

[32] Moussa Alassane Sanogo fait partie des participants au Programme de Volontariat IMANI Francophone. Cet article a été publié dans le cadre du Programme de Volontariat Imani Francophone. Disponible sur : http://www.imanifrancophone.org/fr/quelle-democratie-en-afrique-de-louest-francophone/. Consulté le 20/10/2017

différentes formes (parti unique, patrimonialisme, présidence pour la vie, populisme militariste, etc.) dans les années 1990".[33]

Eric BORDESSOULE[34], affirmait, « Depuis l'accession aux indépendances, l'Afrique a connu un grand nombre de conflits armés et les conflits continuent à y faire plus de victimes que dans toutes les autres guerres réunies à travers le monde. En 2004, une vingtaine de pays africains était impliquée dans des affrontements armés ou des situations de crise plus ou moins résolues.»[35]

Cependant il faut noter que tous ces problèmes sont survenus à cause des frontières tracées par les colonisateurs au mépris des réalités ethniques selon BORDESSOULE.

Ainsi, même si l'occident est indexé d'être à l'origine de la fragilité actuelle des États africains serait d'une part donner raison et d'autre part se serait égoïste. Car l'inexistence de véritable démocratie, la corruption, les dictatures, les contextes de crise économique et sociale, y sont sans doute les causes profondes de la déstabilisation des États africains depuis leurs adhésions à l'indépendance. Comme le disait SYLLA :

> Voyons donc si le peuple de Guinée a eu raison ou tort de regretter la colonisation française pendant le quart de siècle de son indépendance du 2 octobre 1958 au 3 avril 1984.
> En effet il a été victime de : tyrannie et dictature sanglante exercées par une famille, suppression de toutes les libertés démocratiques, marasme économique, éducation et instruction publiques vidées de leur contenu, dégradation des acquis (infrastructure, habitat, etc.); création de tribunaux d'exception dans des camps de type nazi, où ont lieu tortures et assassinats individuels et collectifs pendant 24 ans. (SYLLA, 1985).

Pour SYLLA, "telle est l'économie de la fameuse rencontre qui décréta en doctrine de colonisation, le postulat de la supériorité du Blanc sur le Noir, pour disposer souverainement de tout un continent, de ses immenses ressources matérielles et humaines sans autre forme de procès que la force armée contre la légitime résistance de l'habitant spolié à l'envahisseur menaçant".[36]

---

[33] Ibid
[34] Maître de conférences à l'université Blaise Pascal, Clermont Ferrand.
[35] BORDESSOULE, Eric. L'État-nation en Afrique subsaharienne, un modèle en crise ?, 2006. Article disponible sur : http://geoconfluences.ens-lyon.fr/doc/etpays/Afsubsah/AfsubsahScient.htm. Récupéré le 20/10/2017.
[36] SYLLA, Fodé, Almamy. L'itinéraire sanglant. ERTI, 1985 - 191 pages.

Ainsi les frontières actuelles, héritées de la colonisation, ont souvent été considérées comme artificielles et responsables de nombreux problèmes actuels, mais les dirigeants africains ferment les yeux et font comme si tout allait bien. Or, "la question des frontières est surtout posée non par ce qu'elles séparent mais bien d'avantage par ce qu'elles unissent"[37], ce qui amène à la question du rôle des ethnies et des États.

En effet, d'après le professeur BORDESSOULE, "certain nombre de conflits actuels semble relever de la question ethnique dans plusieurs pays du continent noir par exemple: Tutsis et Hutus au Rwanda ; peuples du sud de la Côte d'Ivoire Baoulés et Bétés opposés aux nordistes ; descendants d'anciens esclaves et autochtones au Liberia, en Sierra Leone"[38], vraiment des exemples à ne pas finir entre peuples de même nation qui s'entretue pendant que l'occident en profite pour tirer les ressources.

L'usage de la violence comme procédé d'accession au pouvoir favorise un changement à la tête de l'État.[39] Comme l'a souligné SYLLA, "nous avons fermement cru en l'homme qui, par ses déclarations convaincantes, passait pour le plus grand défenseur des intérêts des masses populaires opprimées. Nous nous sommes littéralement jetés dans les bras de l'hypocrite qui tournait autour de nous comme un vautour affamé. Il était effectivement un carnassier avide de sang".[40]

D'autre part, pour parler d'un exemple de démocratie stable dans la région, on peut reconnaître le Sénégal comme un pays qui a réussi à mettre en œuvre l'idéal d'alternance politique avec au moins trois présidents, qui se sont succédé de manière démocratique entre 1990 et 2015. Mais cette réussite démocratique du Sénégal est bien menacée aujourd'hui car avec la découvertes du gaz et du pétrole dans les côtes sénégalaises pousse certains individus avides du pouvoir et en voulant s'enrichir de déstabiliser le gouvernement en créant des tensions au sein de la société.

À titre de comparaison, on peut citer le Togo ou encore l'Angola, qui connaît une démocratie avec un seul parti au pouvoir, où la population n'a

---

[37] Pourtier, R. Afriques noires. Paris, Hachette, 2001, 256 p., (Coll. Carré Géographie).
[38] BORDESSOULE, Eric. L'État-nation en Afrique subsaharienne, un modèle en crise ?, 2006. Article disponible sur : http://geoconfluences.ens-lyon.fr/doc/etpays/Afsubsah/AfsubsahScient.htm. Récupéré le 20/10/2017.
[39] ETEKOU, Bedi Yves Stanislas. L'alternance d'emocratique dans les Etats d'Afrique francophone. Law. Universit´e Paris-Est, 2013. French. <NNT : 2013PEST0091>. <tel-01124350>
[40] SYLLA, Fodé, Almamy. L'itinéraire sanglant. ERTI, 1985 - 191 pages.

jamais connue de changement politique depuis des décennies en raison du monopole du régime actuel au pouvoir.[41]

Pour remédier à la situation et parler d'une véritable démocratie en Afrique de l'Ouest francophone, il faut une coopération urgente des acteurs institutionnels et de la société civile, en particulier pour internaliser les règles de la démocratie dans toutes ses dimensions, puisque l'information et la participation des citoyens sont extrêmement importantes pour une démocratie juste[42].

La culture du débat politique est nécessaire pour résoudre les problèmes politiques sur le continent. Cela permettra aux décideurs politiques de mettre en place des états forts pour la singularité à travers la représentation institutionnelle et territoriale de la région et du continent dans son ensemble. Mais aussi :

> Se pose aussi le problème de la répartition des compétences entre l'Etat et la société civile : d'où le débat sur les interventions économiques de l'Etat et sur l'avenir de l'Etat providence, le débat sur la subsidiarité qui, en permettant aux citoyens de régler de préférence eux-mêmes les problèmes qui les concernent, ouvre la possibilité de constituer des pouvoirs autonomes par rapport à l'Etat, le débat sur le rôle respectif de la loi et de la négociation contractuelle dans la définition des normes sociales[43].

En outre, le processus de décolonisation a entrainé de nombreux problèmes sur le continent, comme la famine et la sécheresse dans de nombreux pays.

L'Afrique a également cherché à industrialiser sa main-d'œuvre touchée par la pauvreté, mais avec des fonds insuffisants et quasi inexistant. La conséquence la plus flagrante et la plus nocive qui freine très fortement le développement de l'Afrique subsaharienne est l'instabilité politique qui précéda l'époque de la décolonisation.[44]

---

[41] Bayart Jean-François, Hibou Béatrice, Samuel Boris, « L'Afrique « cent ans après les indépendances » : vers quel gouvernement politique? », Politique africaine, 2010/3 (N° 119), p. 129-157. DOI : 10.3917/polaf.119.0129. URL :https://www.cairn.info/revue-politique-africaine-2010-3-page-129.htm. Consulté le 20/02/2018.

[42] Document disponible sur: http://www.spong.bf/wp-content/uploads/2014/09/siaka_coulibaly_societe_civile_renforcement_de_la_democratie_fr.pdf. Consulté le 20/02/2018.

[43] Document disponible sur :http://www.ladocumentationfrancaise.fr/var/storage/rapports-publics/024000464.pdf. Consulté le 20/02/2018.

[44] Document disponible sur :http://www.geolinks.fr/geopolitique/lafrique-subsaharienne-les-freins-au-developpement/. Consulté le 20/02/2018.

C'est dans ce sens que la conférence interparlementaire sur "l'éducation, la science, la culture et la communication à l'aube du 21e siècle organisée conjointement par l'union interparlementaire et l'Unesco paris a rappelé que:

> Le monde a évolué et s'est transformé radicalement depuis mais leur vision n'a rien perdu aujourd'hui de ce qui en faisait la pertinence hier. L'ignorance, l'intolérance, l'exclusion, le sous-développement et la pauvreté sont à l'origine des conflits, affrontements et violences qui accablent le monde. Plus que jamais, il nous faut opposer une culture de la paix à la culture de l'affrontement, si répandue aujourd'hui. Et ne ménager aucun effort pour surmonter les inégalités et injustices flagrantes. Cela signifie favoriser l'amélioration des conditions d'existence et le développement de l'emploi pour les centaines de millions de personnes qui vivent aujourd'hui dans la pauvreté et le désespoir. L'action en faveur de la paix et l'action pour le développement sont indissociables.[45]

Il s'agit donc des différentes barrières de la justice imposées aux états de l'Afrique de l'Ouest et de la manière dont la démocratie devient un instrument fondamental pour le développement d'un pays et sa participation à la croissance du commerce international dans la région.

Il faut sans doute toujours rappeler aux dirigeants africains que la démocratie est une condition préalable au développement économique du continent. Puisque que :

> Dans le contexte africain, la démocratie demeure un aspect crucial pour le développement, mais cette démocratie, du moins telle qu'elle est pratiquée dans certains pays, ne garantira jamais le développement. Ce fut le cas de certains pays africains comme l'Angola, le Cameroun, la Gambie, le Kenya, le Nigeria, le Rwanda, la Tanzanie, le Togo ou encore l'Ouganda.[46]

Selon WAMA, dans ces différents pays cités, les élites politiques ont bloqué le processus d'une véritable démocratisation.

---

[45]DOCUMENT FINAL DE LA CONFERENCE INTERPARLEMENTAIRE SUR "L'EDUCATION, LA SCIENCE, LA CULTURE ET LA COMMUNICATION A L'AUBE DU 21E SIECLE Organisée conjointement par l'Union interparlementaire et l'UNESCO Paris (France), 3-6 juin 1996 La vision parlementaire pour l'éducation, la culture et la communication à l'aube du 21e siècle. Document disponible sur : http://archive.ipu.org/splz-f/unesco96.htm .Consulté le 19/02/2018.
[46] WAMA, Marobe. Afrique: Est-ce que la démocratie garantit le développement? 2014. Artile disponible sur :http://www.libreafrique.org/MarobeWama-democratie-101014. Récupéré le 19/02/2018

Récemment, il y'a eu des tensions au Togo avec des manifestations de la part de l'opposition qui a pris son destin en main pour finir avec le monopole du pouvoir en place depuis 50 ans[47].

Ainsi, WAMA, dans son article démontre la manière dont ces élections sont défectueuses, des partis politiques faibles comme au Rwanda avec des élections récemment organisée le 02 Août 2017 d'où le président sortant, Paul Kagamé, se voit ainsi plébiscité par plus de 98% des votants et réélu pour un troisième mandat de sept ans à la tête d'un pays qu'il dirige d'une main de fer, depuis 23 ans, des organes judiciaires et législatifs au rang de figurants, des commissions électorales partiales et des organisations de la société civile faibles ne peuvent créer aucun changement dans ces pays cités d'où les politiciens achètent le ventre et la conscience des électeurs.

> En effet, si par exemple des pays comme le Botswana, l'Île Maurice, le Ghana et le Sénégal, semblent être des "modèles" de démocratie en Afrique, mais faudra noter aussi qu'ils présentent des résultats mitigés, le Botswana et Maurice semblent donner des résultats satisfaisants, au Ghana et au Sénégal la corruption et l'inefficacité du gouvernement constituent un empêchement radical (Wama, 2014).

WAMA conclut que dans ces pays exemplaires la bonne gouvernance doit accompagner la démocratie pour permettre l'assurance d'existence de normes démocratiques acceptables et soutenues par les citoyens, mais aussi par leur gouvernement, qui a le devoir d'être plus proche de la société en impliquant les citoyens dans l'élaboration et la mise en œuvre des politiques et des programmes qui les concernent[48]. Ceci revient à dire que les citoyens doivent être autorisés à avoir le dernier mot quant à la conception et la mise en œuvre des politiques affectant leur vie par le biais de leurs représentants.

Sans l'état de droit et le respect des droits de l'homme, sans la transparence et la responsabilité redditionnelle et à moins que les gouvernements ne soient investis d'un pouvoir légitime par la voie du scrutin populaire, les pays risquent fort de se heurter à des difficultés considérables sur le chemin de la prospérité et leurs progrès sont exposés à rester fragiles et réversibles[49].

---

[47]Informations disponible sur : http://www.togoactualite.com/tag/manifestations/page/28/?print=print-search. Consulté le 19/02/2018.

[48] WAMA, Marobe. Afrique: Est-ce que la démocratie garantit le développement? 2014. Artile disponible sur :http://www.libreafrique.org/MarobeWama-democratie-101014. Consulté le 19/02/2018

[49]La gouvernance pour l'avenir : démocratie et développement dans les pays les moins avancés. Document publié par PNUD, 2006. Disponible

Ainsi, la démocratie doit être instaurée avec tous ses éléments essentiels, entre autres: pluralité, des élections régulières libres et équitables, indépendance judiciaire, état de droit, libertés démocratiques, transparence, pour garantir le développement.[50]

Cependant l'Afrique doit-il s'interrogeait sur ce qui ne va pas avec cette démocratie tout en tenant compte des réalités de la société africaine car cette démocratie a besoin de faire partie d'une culture qui permet aux populations d'avoir leur propre autodétermination, conformément à leurs valeurs.

Par conséquent, cette démocratie actuelle en Afrique a été imposée par l'Occident, importée par les dirigeants africains, tout en sachant qu'elle ne tient pas compte des réalités locales et qu'elle sera partielle et incohérente. Donc une telle démocratie ne peut pas aider le continent africain à se développer car elle est incompatible aux valeurs africaines affirmait WAMA.

L'adoption de cette démocratie a toujours révélé les faiblesses des structures et de la performance des institutions publiques de nombreux États africains, et elle continue à montrer le lien entre un régime autoritaire et les tensions politiques quand il s'agit d'élections.

La plupart des pays de la région et du continent en général, ne peuvent pas promouvoir le développement car ils ont des partis politiques très faibles, des institutions fragiles et discrédités par les élites politiques.[51] Car pour WAMA, la démocratie et le développement cheminent ensemble, donc il ne peut y avoir de développement si la démocratie est bloquée et vice versa.

Pour cela l'Afrique doit renouveler cette démocratie en lui donnant une nouvelle forme tout en respectant son objectif qui est de garantir le développement et ce qui renvoi essentiellement de donner le pouvoir au peuple comme le disait A. LINCOLN (1809 – 1865). Selon Lincoln, le peuple exerce le pouvoir en fonction de ces besoins et il est le seul à pouvoir prendre des décisions dans la vie de la communauté.

Il est impensable de dire que la décolonisation de l'Afrique a été un succès, car elle a causé plusieurs problèmes, tels que l'instabilité politique, les conflits frontaliers et l'effondrement économique, en plus de laisser une énorme dette qui continue de noyer l'Afrique à ce jour.[52]

---

sur :http://www.sa.undp.org/content/dam/undp/library/Democratic%20Governance/french/go uvernance_pour_l_avenir.pdf. Consulté le 19/02/2018.
[50] WAMA, Marobe. Afrique: Est-ce que la démocratie garantit le développement? 2014. Artile disponible sur :http://www.libreafrique.org/MarobeWama-democratie-101014. Récupéré le 19/02/2018
[51] Ibid.
[52] Article disponible sur :http://www.ufctogo.com/Instabilite-en-Afrique-73-coups-d-249.html. Consulté le 20/02/2018.

Pourquoi les Etats africains concernés par ce phénomène ne cherchent pas á unir leur peuple, á leur apprendre ce que c'est les fondements de la démocratie, á vivre en communauté, á combattre les inégalités et instaurer la paix?

En Afrique l'appartenance ethnique ou clanique est un facteur extrêmement important, de la vie des populations et de l'organisation des États. Comme le conflit ethnique, les populations civiles sont les principales victimes d'une violence qui, en amont, est orchestrée par des leaders politiques qui manipulent et se servent du peuple pour justifier leur violence. A la différence du conflit ethnique qui met l'ethnie au centre du débat, le conflit civil utilise le peuple, sur l'ensemble du territoire, quelle que soit son identité ethnique.[53]

Toute fois faut noter que, les oppositions traditionnelles entre les ethnies n'ont pas été effacées par les indépendances, car la traite des esclaves, pratiquée par les populations sahariennes, a laissé de profondes séquelles. [54] Des faits très pertinents que souligne le professeur BORDESSOULE dans son article, interpellent encore les dirigeants africains et à l'humanité tout entier sur les droit de l'homme violés dans plusieurs pays en Afrique.

> Ainsi, dans un certain nombre d'États de la bande sahélienne, de la Mauritanie au Soudan, persistent de réelles oppositions entre les anciens esclaves, des peuples de cultivateurs noirs, et les descendants des négriers arabes. Il a fallu attendre 1980 pour que l'esclavage soit interdit en Mauritanie et il était encore récemment d'actualité au Soudan dans le contexte de la guerre opposant les populations du Nord et du Sud.[55]

Alors qu'en reste-t-il de ce monde si cruel ? Il serait imaginable de penser encore á l'esclavage en cette 21ème siècle, mais l'humanité est sans pitié et l'être humain voit son semblable comme une proie à sa portée. Ces nouveaux dirigeants africains ne sont-ils pas pires que les capitalistes occidentaux ?

Ainsi il est important d'aborder les idées de l'historien HOBSBAWM, Eric J, dans *"L'Ère des empires"* (qui porte sur la période 1875-1914), annonçait le déclin de la bourgeoisie et du système dont elle est issue, le capitalisme. L'auteur montre comment au 19ème siècle, le monde a envisagé la possibilité de remplacer le capitalisme par une société qui ne soit plus fondée sur

---

[53] NGUEMA-MENGUE, Regina- Marciale. La representation des conflits chez ahmadou Kourouma et Alain Mabanckou(1998-2004). Nov. 2009.

[54]A lire plus sur :http://geoconfluences.ens-lyon.fr/doc/etpays/Afsubsah/AfsubsahScient.htm. Consulté le 02/12/2017.

[55] BORDESSOULE, Eric. L'État-nation en Afrique subsaharienne, un modèle en crise ?, 2006. Article disponible sur : http://geoconfluences.ens-lyon.fr/doc/etpays/Afsubsah/AfsubsahScient.htm. Consulté le 20/10/2017.

le marché libre et la concurrence, et le retour à un système où règne la coopération.

Un autre livre très intéressant qui fait référence aux violences en cette 21ème siècle, HOBSBAWM, dans son récent livre intitulé *"L'Empire, la démocratie, le terrorisme", 2009*, souligne qu' "aucun État ou empire n'a été suffisamment grand, riche ou puissant pour maintenir une hégémonie politique sur le monde, ce dernier est trop compliqué, par un seul État et une seule puissance" ou encore il soutient que "le statut des organismes internationaux doit être repensé, en particulier celui de l'ONU, car elle n'a pas un rôle clair dans la résolution des conflits, car sa stratégie et ses intentions sont toujours à la merci d'un pouvoir politique. L'absence de véritables intermédiaires internationaux, neutres et habilités à prendre des initiatives sans l'autorisation du Conseil de sécurité, a été la principale lacune du système de gestion des conflits".[56]

Alors HOBSBAWM, s'interroge sur la guerre et la paix en interpellant le monde sur la réflexion des problèmes du XXIe siècle, mais aussi s'interroge à savoir si ces Etats sont-ils encore capables de contrôler l'ordre public à une époque marquée par la montée des violences. Il s'interroge aussi sur l'avenir de la démocratie qui est face au terrorisme.

2 Relations commerciales entre les pays de l'Afrique de l'ouest

La création de l'Organisation mondiale du commerce (OMC)[57] et la mondialisation de l'économie impliquaient l'établissement, pour tous les pays, d'une politique de concurrence entre les opérateurs économiques.
Pour NGOM :

> Les pays en développement, y compris les pays d'Afrique de l'Ouest, travaillent ensemble pour introduire une telle discipline de marché. Cela explique pourquoi la Communauté économique des États de l'Afrique de l'Ouest (CEDEAO) a adopté une loi sur la concurrence politique, à l'instar de l'Union économique et monétaire de l'Afrique de l'Ouest.[58]

La CEDEAO a été créée à Lagos le 28 mai 1975 et le traité a été modifié à Cotonou le 24 juillet 1993. Ses initiateurs ont été nommés pour créer un marché

---

[56] HOBSBAWM, Eric J, L'Empire, la démocratie, le terrorisme, 2009
[57] NGOM, Mbissane. « Intégration régionale et politique de la concurrence dans l'espace CEDEAO », Revue internationale de droit économique, vol. t.xxv, no. 3, 2011, pp. 333-349.
[58] Ibid.

interrégional en Afrique de l'Ouest. Son objectif principal est de promouvoir la coopération et l'intégration dans la perspective des principes défendus par l'Union Économique de l'Afrique de l'Ouest afin d'améliorer le niveau de vie de ses peuples, de maintenir et d'améliorer la stabilité économique, de renforcer les relations entre les Etats membres et de contribuer pour le progrès et le développement du continent africain.

Si les objectifs initiaux étaient essentiellement économiques, la CEDEAO a ensuite soutenu les problèmes politiques pour la sécurité, la paix et la justice et la démocratie équitable dans la région.

En fait, les conventions et tribunaux relatifs aux droits de l'homme de la CEDEAO protègent les citoyens des États membres touchés par des abus graves et arbitraires, en particulier lorsqu'ils ne recourent pas aux tribunaux nationaux. Un exemple a été le cas du chef de l'opposition du Niger, M. Hama Amadou[59], qui a subi de graves violations des droits de l'homme, a fait appel à la Cour de la CEDEAO en avril 2017.

L'intégration économique nécessite la définition et la mise en œuvre de politiques économiques communes en matière d'agriculture, d'énergie, de télécommunications, d'environnement et de ressources humaines.

Cependant, ces politiques sont insuffisantes pour atteindre un marché commun en raison de la diversité linguistique et culturelle et du développement dans la région de la CEDEAO.

NGOM soutient que "la politique de concurrence de la CEDEAO participe, d'une part, à la liberté de circulation et, d'autre part, à la création d'un marché commun". Selon NGOM, la politique commune de la concurrence est cruciale pour la mise en œuvre effective de l'intégration, car elle garantit la liberté de circulation des personnes et la liberté du commerce transfrontalier afin de générer une disparition graduelle des frontières héritées de la colonisation. Cette liberté de mouvement et d'échange entre les peuples permet aux personnes, en particulier aux marchands, de se connaître et de partager leurs expériences.

Pour MERDAN, "en Afrique de l'Ouest, la CEDEAO et l'UEMOA, ont obtenu de bons résultats pour leur programme de libéralisation des échanges contrairement aux autres organisations du continent, en ayant effectivement supprimé les droits de douane sur les produits traditionnels et de l'artisanat, en appliquant la libre circulation des biens et des personnes. [60]"

---

[59] http://news.aniamey.com/h/79380.html.Consulté le 02/12/2017
[60] Ngattai-lam Merdan, Échanges commerciaux et intégration économique régionale : Cas de la CEMAC, 2015. Article disponible sur: http://www.croset-td.org/2015/09/echanges-commerciaux-et-integration-regionale-cas-de-la-cemac/

D'après le professeur Ngattai-lam Merdan, docteur en Sciences Économiques de l'Université de Picardie Jules Verne d'Amiens (France), ce n'est donc que par un accroissement des échanges des produits traditionnels et de l'artisanat que cette communauté a pu obtenir de meilleurs résultats dans le domaine commercial.

La relation commerciale au sein de la Communauté a un caractère évolutif et encourageant. Jusqu'à une certaine époque, la communauté s'appuyait sur les anciens liens commerciaux pour accroître les échanges dans la région. Mais à présent, l'accent est mis sur le développement du commerce.

> A présent, l'accent est mis sur la dimension 'développement' du commerce. La CEDEAO, depuis sa création, a mis en place une politique commerciale visant à accroître les échanges intra-régionaux, augmenter le volume du commerce et stimuler les activités économiques de la région afin de contribuer à l'amélioration du bien-être économique des citoyens de la région.
>
> La politique commerciale de la CEDEAO vise également à favoriser l'intégration harmonieuse de la région dans l'économie mondiale, en tenant dûment compte des choix politiques et des priorités des États dans le cadre des efforts qu'ils déploient en vue de la réalisation du développement durable et de la réduction de la pauvreté.[61]

Pour cela il faut s'en doute rappeler à tous les Etats, l'importance de la facilitation du commerce pour le développement de l'économie de la Communauté. Donc il s'agit d'un aspect essentiel du commerce, qui concerne également la promotion du secteur privé qui ne peut être écarté.[62]

C'est dans cette dynamique que la création du Marché commun des investissements et l'élaboration d'un Code et d'une Politique commune de la CEDEAO en matière d'investissements, constituent dans ce cadre des éléments complémentaires pour atteindre les objectifs du développement du commerce dans la région et à l'international.[63]

Ainsi tous ces objectifs ont abouti à une situation où le Tarif extérieur commun (TEC)[64] de la CEDEAO, qui a été mis en pratique en janvier 2015, a une réelle possibilité d'impulser les économies de l'Afrique de l'Ouest, tout en

---

[61]http://www.ecowas.int/secteurs-de-la-cedeao/commerce/?lang=fr.Consulté le 02/12/2017.
[62] Ibid.
[63]POLITIQUE EN MATIÈRE DE COOPÉRATION ÉCONOMIQUE ET D'INTÉGRATION RÉGIONALE. Document disponible sur :
https://www.afdb.org/fileadmin/uploads/afdb/Documents/Policy-Documents/10000021-FR-POLITIQUE-DE-COOPERATION-ECONOMIQUE-ET-D%60INTEGRATION-REGIONALE.PDF. Consulté le 20/02/2018.
[64]http://www.ecowas.int/secteurs-de-la-cedeao/commerce/?lang=fr. Consulté le

permettant aux ressortissants de cette zone de bénéficier effectivement des avantages du commerce. Avec l'entrée en vigueur du TEC, un tarif uniforme sera perçu aux frontières de tous les Etats membres de la CEDEAO sans distinction. Alors faut dire que c'est l'un des succès les plus remarquables de la CEDEAO depuis sa création.

Les ressortissants des pays de la communauté disposent désormais d'une réelle opportunité de profiter des avantages de la relance du commerce dans la région. Et pour cela tous les Etats de la CEDEAO doivent ratifier cette loi en vigueur.

Au regard de cette évolution, il est permis de s'attendre à une amélioration de la mise en œuvre du Schéma de libéralisation des échanges de la CEDEAO (SLEC). Il faut reconnaitre que cette initiative du TEC est une étape importante dans la mise en place de l'Union douanière en Afrique de l'Ouest.[65]

L'autre aspect important est le développement du secteur agricole qui est également l'un des principaux objectifs des pays de la CEDEAO.

Soutenant cette ambition, plusieurs études ont fait cas d'un potentiel important pour la production agricole dans la région et de la capacité du secteur agricole d'être un vecteur d'intégration comme le fut le cas du Sénégal depuis quelques années se focalise sur le plan Sénégal Emergent en donnant beaucoup d'importance au secteur agricole pour atteindre l'autosuffisance en riz et arrêter l'importation de cette denrée en 2018.[66]

A travers une exploitation efficace des avantages comparatifs, la CEDEAO pourrait profiter autant de l'intégration sous régionale que de l'intégration dans le commerce international. De ce qui précède, il y'a lieu de souligner que toutes les organisations Sous Régionales, afin d'aboutir à l'intégration véritable doivent chercher à parvenir à des objectifs qui convergent à ce but donc allant dans la même direction des objectifs tracés par la communauté.[67]

Ce pendant avec la poussée démographique, de l'urbanisation, de la croissance des revenus, la croissance très importante de la demande alimentaire

---

[65]Voir le site : http://www.ecowas.int. Consulté le 20/02/2018.
[66]Rapport de Géneve Oct. 2017 du Ministre du Commerce du Sénégal Alioune Sarr disponible sur:http://www.commerce.gouv.sn/article.php3?id_article=498#sthash.u64Hyn1z.dpbs. Consulté le 20/02/2018.
[67] KASSE, M. Le NEPAD et les enjeux du développement en Afrique, 2003.

et des transformations des habitudes de consommation alimentaire, le secteur agricole ouest africain poursuit une trajectoire de croissance très positive[68].

Ainsi, avec la forte expansion et les transformations profondes observées aujourd'hui dans l'économie alimentaire sous régionale offrent des opportunités de croissance du secteur agricole[69], d'investissement et de création d'emploi, notamment dans la transformation et la distribution des produits de premier nécessité. Donc les chefs d'Etats doivent prendre leur destin en main pour développer ce secteur et assurer le développement des échanges de produits agricoles au sein de la communauté. Le problème majeur que peuvent rencontrer tous ces Etats sur le développement des échanges de produits agricoles, peut aussi surgir sur la qualité des infrastructures de transport et de la logistique au niveau de chaque pays, en général, et au niveau transfrontalier, en particulier.[70]

Le transport des produits agricoles, en particulier des produits frais, exige une bonne qualité des infrastructures routières de telle manière à minimiser les pertes post-récolte et maximiser les profits des entreprises. Sans aussi oublier que ces mêmes objectifs exigent une promptitude dans l'exécution dans les procédures transfrontalières, qui parfois bloquent l'entrée des produits agricoles pendant des heures voir même des jours à la frontière et ceci gatte très souvent les produits agricoles faute de logistique moderne pour maintenir la qualité des produits et ne pas rompre la chaine de froid vu la chaleur ardente qu'il fait dans ces pays de la communauté économique.[71]

Ainsi il reste beaucoup à faire sur les plans, infrastructure et logistique, les pays de la CEDEAO ont encore a beaucoup investir pour relever le défi de l'intégration régionale et améliorer leurs performances.[72]

Avec les constats faites au niveau des Etats de la communauté, les qualités des infrastructures et de la logistique continue d'être une contrainte de poids au développement du secteur privé en général et au commerce transfrontalier en particulier. Car le développement des échanges commerciaux dans la région ne peut être acquis sans la modernisation de ces deux facteurs qui sont primordiales

---

[68]https://www.afdb.org/fileadmin/uploads/afdb/Documents/Publications/Croissance_Agricole _en_Afrique_de_l%E2%80%99Ouest_Facteurs_d%C3%A9terminants_de_march%C3%A9 _et_de_politique_-_OSAN.pdf . Consulté le 20/02/2018.
[69]http://www.fondation-farm.org/zoe/doc/etudepotentialites_rapport.pdf .Consulté le 02/12/2017.
[70] NJANKE TATCHOU, Mathilde. Transports et échanges commerciaux dans les pays de la CEMAC, Université de Yaoundé II Soa CAMEROUN - Master II en Economie des Transports, 2008.
[71] GUEDEGBE, Onasis Tharcisse Adétumi, Plus d'informations sur : http://www.ocppc.ma/publications/faciliter-les-%C3%A9changes-alimentaires-au-sein-de-la-cedeao#.Woxv6K6nGM8. 2016. Consulté le 20/02/2018.
[72] Ibid.

pour assurer une bonne transformation et la distribution des produits entre les pays de la communauté économique.[73] Alors quand ces Etats décident de s'engager pour le développement du commerce dans la région, ils doivent tous être conscients de leur rôle premier et très important qui est l'amélioration de la qualité des infrastructures. Et pour cela il faudra se pencher notamment sur l'accélération de la mise en œuvre des plans régionaux de développement d'infrastructures transfrontalières de qualité, moderne. Mais aussi accompagner et rappeler au secteur privé, qu'il est principalement concerné par le développement de chaines logistiques adaptées au secteur. Cela suppose que l'Etat doit collaborer avec le secteur privé afin de trouver des solutions, développer le secteur du commerce, mais aussi une mise en place d'un bon environnement des affaires par les Etats soutient GUEDEGBE[74].

D'après William AMPONSAH, professeur associé de commerce international et de développement à l'Université d'Etat de la Caroline du Nord aux Etats-Unis, « les accords régionaux se caractérisant par des échanges restreints, dépendent des produits primaires et représentent un commerce limité entre pays membres ». Cela s'explique par le fait que la plupart des pays exportent des matières premières et non des produits finis ce qui montre que les importations africaines les intéressent peu. «A titre illustratif, le commerce intra régional est, par exemple, de 15% en Afrique de l'Ouest, alors qu'il est de 65% en Amérique du Nord ; 70% en Europe ; 40% en Asie du Sud-est et près de 35% en Amérique Latine (zone Mercosur).»[75] De ce fait, ils doivent relever les défis et penser déjà à présent à moderniser les infrastructures et la logistique pour plus de qualité au niveau des produits mais aussi attirer plus d'investisseurs étrangers. Car pour l'économiste sénégalais Diéry SECK, Directeur du Centre de recherche sur l'économie politique (CREPOL), basé à Dakar, au Sénégal depuis 2009, «un pays ne peut pas compter que sur les financements extérieurs pour son développement même s'il juge utile ce genre d'exercice qui consiste à présenter aux bailleurs sa vision économique pour obtenir des fonds.» [76]

Pour comprendre l'économie politique et des institutions politiques dans le système économique mondial, il faut s'intéresser au livre écrit par Daron ACEMOGLU, professeur au Massachusetts Institute of Technology, et James

---

[73] Ibid.

[74] Ibid.

[75]Libéralisation des échanges de la CEDEAO. Document disponible sur : http://veille-ci.com/Atelier-de-partage-des-resultats-168.html/. Consulté le 02/12/2017.

[76]Propos recueillis dans :http://levenementprecis.com/2012/02/24/diery-seck-ancien-fonctionnaire-de-la-banque-mondiale-directeur-du-centre-de-recherche-en-economie-politique-de-dakar%C2%AB-l%E2%80%99union-monetaire-au-sein-de-la-cedeao-a-besoin-de-plus-d/.Consulté le 03/12/2017.

ROBINSON professeur au Harvard. Cet excellent livre offre une nouvelle théorie afin de trouver les réponses aux questions de la croissance économique.

Selon ACEMOGLU et ROBINSON, (2012) :

> [77] Au 19ème siècle, non seulement quelques sociétés africaines ont profité des opportunités économiques croissantes engendrées par la révolution industrielle, modifiant leurs modes de production. En Afrique de l'Ouest, il y a eu une croissance économique rapide basée sur l'exportation de l'huile de palme et d'arachide; À travers le sud du continent, les Africains ont développé des produits destinés à être exportés vers les zones industrielles et minières en rapide expansion du Rand, en Afrique du Sud.
>
> Cependant, ces expériences économiques prometteuses n'ont pas été effacées par la culture africaine ni par l'incapacité des Africains ordinaires à prendre des initiatives pour leurs propres intérêts, mais par le colonialisme européen en premier lieu et plus tard par les gouvernements africains post-indépendance.

ACEMOGLU et ROBINSON expliquent clairement dans cette partie du livre que si l'Afrique de l'Ouest n'a pas pu bénéficier de cette expérience du 19ème siècle, c'est de la faute des Occidentaux qui ont colonisé l'Afrique et après leur départ l'échec revient aux nouveaux dirigeants africains post-indépendances.

Ainsi ACEMOGLU et ROBINSON[78], montrent dans leur livre que les Etats ne s'effondrent pas par l'explosion de la guerre et de la violence, mais en étant tout à fait incapable de tirer profit de l'énorme potentiel de leur société pour la croissance, en condamnant leurs citoyens à une vie de pauvreté.

Ils soutiennent encore que, la chute de certain pays s'explique par leurs institutions économiques qu'ils nomment «extractive». Pour eux, ce qui est tragique, c'est que cet échec est conceptuel. Ces états s'effondrent parce qu'ils sont gouvernés par des institutions économiques *«extractives»,* qui détruisent les

---

[77]Traduction libre de « In the nineteenth century, many African societies also took advantage of the rising economic opportunities created by the Industrial Revolution by changing their production patterns. In West Africa there was rapid economic development based on the export of palm oil and ground nuts; throughout southern Africa, Africans developed exports to the rapidly expanding industrial and mining areas of the Rand in South Africa. Yet these promising economic experiments were obliterated not by African culture or the inability of ordinary Africans to act in their own self-interest, but first by European colonialism and then by postindependence African governments. »

[78] ACEMOGLU, Daron. ROBINSON, James A. Why Nations Fail: The Origins of Power, Prosperity, and Poverty, 2012. p.65

incitations, découragent l'innovation, et sapent le talent de leurs citoyens en créant un terrain de jeu incliné, les privant ainsi de possibilités.

Les auteurs montrent aussi comment ces institutions économiques, dirigées par une élite politique en faveur du pouvoir, tirent les bénéfices au profit de cette minorité par l'extraction que ce soit sous la forme de minéraux précieux, ressources naturelles, ou de monopoles protégés au détriment de la population. Car, ces élites bénéficient des institutions politiques truquées, brandissant leur pouvoir afin de faire basculer le système pour leur profit.[79]

En fait, ACEMOGLU et ROBINSON soutiennent que les Etats, fondés sur l'exploitation vouée à l'échec, prennent tout un système corrompu avec eux, en emmenant souvent les peuples vers une immense souffrance ce qui est le cas de la plupart des pays africains.

"Les pays échouent lorsqu'ils adoptent des institutions économiques extractivistes, soutenues par des institutions politiques extractives, qui empêchent et bloquent même la croissance économique".[80]

Le Rapport Économique sur L'Afrique (2015)[81], de la Commission économique des Nations Unies pour l'Afrique, encourage le renforcement mutuel entre le commerce et l'industrialisation, et cela permet une facilitation de l'une et de l'autre. L'industrialisation fondée sur le commerce renforce le rôle et la place du commerce dans la promotion de la modernisation du développement industriel.

Donc il est important d'étudier les façons dont le commerce peut contribuer à accélérer l'industrialisation et la transformation structurelle de l'Afrique en analysant les défis à relever, mais aussi les possibilités que les pays africains peuvent exploiter dans le cadre de leur industrialisation á travers le commerce, dans une économie régional et mondiale qui évolue en vitesse. Ainsi le Rapport économique sur l'Afrique 2017[82] montre que l'industrialisation nécessite un meilleur fonctionnement des villes et des réseaux de villes, et vice versa. Il souligne qu'en intégrant des politiques bien choisies dans la planification du développement national, les pays africains peuvent tirer parti de la dynamique de l'urbanisation afin d'accélérer l'industrialisation pour un avenir plus prospère et plus équitable.

Pour la CEDEAO, la mise en œuvre de politiques commerciales judicieuses, conçues pour remédier aux défaillances du marché et aux échecs

---

[79] Ibid.p.65.
[80] Ibid.p.65-66.
[81] Rapport Disponible sur :https://www.un.cv/files/era2015_fre_fin.pdf .Consulté le 20/02/2018.
[82] Rapport Disponible sur :https://www.uneca.org/fr/publications/rapport-%C3%A9conomique-sur-l%E2%80%99afrique-2017. Consulté le 20/02/2018.

institutionnels qui entravent la compétitivité des exportations dans la région ou même á l'intérieur du continent, devrait constituer sans doute les soucis majeurs à relever pour arriver un jour au développement économique et social dans cette communauté.[83]

Un autre point très important ressorti lors du 51e Sommet Ordinaire de la CEDEAO tenu dernièrement à Monrovia[84], au Liberia , est l'accord de principe pour l' adhésion du Maroc à la CEDEAO. Aujourd'hui, avec cette demande d'adhésion, le Maroc opte pour l'intégration régionale au niveau de l'Afrique, et il en est conscient du potentiel de commerce important qu'il peut en bénéficier avec les pays africains. Le Maroc, peut engendrer des effets positifs vu la proximité des marchés et à y tirer profit des effets potentiels de la mise en place de la future zone de libre-échange continentale. Ce qui va lui permettre de Booster ses exportations de mieux se positionner dans les marchés africains. Ainsi, «au lieu de multiplier les accords bilatéraux, le Maroc a procédé à une économie d'échelle en demandant son adhésion à la CEDEAO qui est considéré comme l'un des groupements économiques régionaux du continent les plus importants et les plus intégrés.»[85]

En effet, l'une des objectifs de la CEDEAO pour favoriser le développement, concerne aussi l'Union de la monnaie commune de l'Afrique de l'Ouest qui favorisera l'importance du système de paiement de la sous-région, qui est crucial pour le développement de son secteur privé. Ainsi plusieurs économistes africains proposent une architecture pour la conception de la monnaie commune dans la zone CEDEAO, qui remplacera les monnaies nationales ainsi que le Franc CFA partagé par des pays membres de l'Union Economique et Monétaire Ouest Africaine (UEMOA). Selon le Dr. Diery SECK, « les avantages qu'a d'abord cette union, c'est d'élargir l'espace dans lequel on peut faire des transactions sans avoir à faire d'opération de change. Ensuite, être confiant que la monnaie peut circuler librement. »[86] Aujourd'hui, il est donc nécessaire pour la CEDEAO que l'ensemble de ces pays aient la même

---

[83]Rapport Disponible sur :https://www.un.cv/files/era2015_fre_fin.pdf .Consulté le 20/02/2018

[84]http://www.leconomiste.com/article/1014139-l-integration-regionale-africaine-une-nouvelle-piste-pour-l-export. Consulté le 03/12/2017.

[85]http://www.leconomiste.com/article/1014139-l-integration-regionale-africaine-une-nouvelle-piste-pour-l-export. Consulté le 03/12/2017.

[86]Propos recueillis dans :http://levenementprecis.com/2012/02/24/diery-seck-ancien-fonctionnaire-de-la-banque-mondiale-directeur-du-centre-de-recherche-en-economie-politique-de-dakar%C2%AB-l%E2%80%99union-monetaire-au-sein-de-la-cedeao-a-besoin-de-plus-d/.Consulté le 03/12/2017.

monnaie, car la monnaie est le reflet de la souveraineté et de l'harmonie des politiques économiques, soutient le professeur Diery SECK.

Ainsi, l'étude du second chapitre conduira à s'interroger sur les faiblesses politiques des états africains au XXI e siècle et quelles solutions pour l'avenir.

II- LES FAIBLESSES POLITIQUES DES ÉTATS AFRICAINS AU XXI E SIÈCLE ET QUELLES SOLUTIONS POUR L'AVENIR

Aujourd'hui, la conjoncture du continent africain quant à la soif du pouvoir qui caractérise ses dirigeants, nous interpelle à une réflexion plus globale sur les difficultés que rencontre ce continent et sur les enjeux de son réel développement économique et social.

Ainsi, motivées et déterminées, des élites africaines pour le pouvoir, au mépris des principes mêmes qui régissent le fonctionnement d'un Etat ou par la légitimation ou la légalisation de l'imposture ou encore de l'usurpation de la souveraineté populaire, cette démocratie héritée de l'occident va subir une mutation vers sa forme africanisée. Alors des lors, nous assisterons aux véritables cauchemars des faiblesses de la démocratie africaine et de l'échec des élites dirigeantes à construire de véritables Etats-Nations qui s'érigent en modèles et contribuent à contraster le paysage, voire construire les chemins de traverse d'une culture idéale de la bonne gouvernance.

En ce XXI siècles, il n'est plus question de s'interroger sur les actes d'irresponsabilités de la plupart des chefs d'Etat africains de certains pays qui enfreintes et bloquent la démocratie dans ces pays, créent la panique, la désolation et la division au sein de leurs communautés.

Pour en citer quelques exemples tout récemment nous étions tous témoins de la convocation du corps électoral par l'exécutif malien, le 19 mars 2020, c'était une mise en danger des populations, à l'heure où le monde entier subit la menace sanitaire de la maladie à coronavirus. Ceci justifie encore une fois l'irresponsabilité de nos chefs d'Etat qui pensent qu'à leurs propres intérêts politiques et violent l'un des droits les plus fondamentaux de leurs citoyens qui est de veiller à leur sécurité et bien être.

Au même moment, un autre voisin du Sénégal, la Guinée Conakry, les Guinéens, désespérés et inquiets pour leur futur et pour leur démocratie, manifestent leurs amertumes dans les rues contre la décision que maintient le Président Alpha CONDE, résolu à rester au pouvoir, envers et contre tout. En effet, malgré les soulèvements populaires qui ont secoué le pays, de la pression constante de la rue, le président CONDE, est resté décidé à modifier la constitution pour s'assurer une réélection pour un troisième mandat à la tête de son pays et a donc maintenu le double scrutin du 22 mars 2020. Une véritable désillusion pour la population guinéenne qui avait misé sur un homme qui allait instaurer les vrais valeurs de la démocratie et un grand espoir pour son peuple mais malheureusement se dernier vient piétiner cette démocratie et faire couler du sang pour juste rester au pouvoir.

Au Sénégal, même si le pays est toujours connu pour sa transition démocratique et la transparence de ses scrutins, n'échappe pas aujourd'hui à une oligarchie du pouvoir qui a tendance à être instrumentaliser par l'actuel président Macky Sall. Si le peuple sénégalais avait mise en garde le président Wade le 23 juin 2011, date symbolique qui restera graver à jamais dans l'histoire de la démocratie sénégalaise car, le peuple sénégalais avait remporté une victoire en obtenant le retrait du projet de réforme constitutionnelle du président WADE. Donc ceci devrait servir d'exemple au président Macky SALL pour éviter l'amalgame entre la gestion de l'Etat et les questions familiales.

Mais aujourd'hui, le doute s'installe après que les Présidents ivoirien et guinéen ont posé des actes violant leurs constitutions et allant dans le sens de leur candidature pour briguer un 3ème mandat à la tête de leurs pays, les sénégalais se posent la question de savoir si le Président Macky SALL, ne penserait-il pas rejoindre le même gang.

Toutefois il faut rappeler que jusqu'ici, le sujet était tabou. Mais qu'il y a eu des hauts fonctionnaires et collaborateurs du président qui ont d'ailleurs été limogés pour s'être prononcés sur cette question épineuse.

Alors jusqu'où ira le président Macky SALL ? Serait-il prêt à trahir cette démocratie sénégalaise considérée comme exemple dans le continent africain et même dans le monde?

C'est ce que nous tenterons de démontrer dans le premier chapitre en montrant les phases sombres de cette démocratie sénégalaise et les faiblesses politiques dans les pays voisins. Et ensuite la grande illusion de nos hommes politiques sans scrupules qui trompent le peuple pour s'enrichir.

1 La grande trahison de la démocratie sénégalaise et les faiblesses politiques dans les pays voisins.

En effet, les élections au Sénégal ont souvent entraîné leur lot de violences, que ce soit pendant la campagne électorale ou dans la contestation post-électorale. Ainsi, même la présidentielle de 2019 n'a pas échappé à la règle avec des violences pendant les caravanes de campagne des candidats et la contestation des résultats par l'opposition. D'après les chiffres rendus publics par la Commission nationale de recensement des votes, le président sortant Macky Sall l'emporte dès le premier tour avec 58,27 % des voix. Des résultats contestés par l'opposition.

Alors le débat se pose souvent sur le fait que, la plupart des régimes démocratiques dans le monde où chefs de gouvernements sortants sont régulièrement réélus pour un second mandat et le Sénégal n'en fait pas l'exception. Mais il faut souligner que la différence se trouve par contre dans la capacité hégémonique du camp sortant, qui, a l'habitude de l'emporter dès le premier tour dans une élection à deux tours au Sénégal, ce qui pose inévitablement la question de la qualité du système démocratique sénégalais contesté par l'opposition.

Ainsi, peut-on dire vraiment qu'il n'y a jamais eu une vraie alternance politique au Sénégal sans l'existence d'une élection à deux tours? Vu que le président sortant étant quasiment assuré d'arriver en tête au premier tour pour éviter de se retrouver au second tour qu'il perd presque inévitablement et qu'il cherche donc à éviter par tous les moyens.

Donc il est temps de tirer la sonnette d'alarme sur la manipulation politicienne, l'hypocrisie de certains citoyens et la malhonnêteté de certains hommes (politiques, religieux ou influents), au regard des incertitudes qui pèsent sur l'organisation des élections et des tensions qui en découlent, sinon, le Sénégal risque d'assister à un lourd contentieux préjudiciable dans le futur, à la tenue d'élections paisibles si cette tendance arrivait à se maintenir.

En effet, dans toute démocratie représentative, les élections sont le moyen ou le mécanisme par lequel le peuple peut se prononcer sur les individus qui les représentent et s'exprimer sur des politiques différentes. Alors un homme civilisé fait un bon politicien, un homme digne fait un politicien honnête et vertueux. Les élections peuvent alimenter la violence dans des situations où les adversaires politiques ne respectent pas les règles ou n'acceptent pas les résultats électoraux comme l'expression légitime de la volonté populaire. Ainsi la propension à la transgression de la loi Fondamentale par les monarques africains pourrait s'expliquer par la faille originaire des constitutions africaines selon ALEXIS DIETH. Car selon DIETH, héritées de la colonisation et commandées par les métropoles, les constitutions africaines furent, l'exclusion des populations du jeu politique actif. Pour ALEXIS DIETH en citant Yves Fauré :

> Les constitutions africaines, réécrites ensuite au gré des intérêts et des besoins particuliers des monarques et de leurs clients politiques dans l'appareil d'Etat, manipulées selon les occurrences et les calendriers particuliers des gouvernants, les constitutions africaines ont été bien souvent jusqu'ici les armes juridiques du Pouvoir. Elles ont organisé sa domination et sa monopolisation. Elles n'ont pas été les instruments juridiques de son partage et de sa limitation. Elles n'ont pas organisé le Pouvoir africain de manière à le soumettre au service de l'intérêt

général et à la défense des libertés personnelles et publiques. Elles n'ont pas été le Texte qui fixe au Pouvoir sa frontière. Elles ont au contraire été l'instrument de son accumulation, de sa concentration, de son expansion et finalement de son hubris[87].

Cette analyse d'ALEXIS DIETH retrace les vraies réalités de nos constitutions africaines malheureusement. Pour FAURE, "les corpus constitutionnels africains ont été élaborés en relation directe - organique, idéologique, etc. - avec ceux qui sont en vigueur chez les puissances coloniales, mais encore c'est chez ces dernières que s'est constitué le bloc de spécialistes du droit constitutionnel qui ont érigé leurs vues sur la matière en parole autorisée sur le texte officiel africain".[88]

Ainsi MOUFFE[89], nous affirme qu'on ne doit pas présenter des excuses pour la démocratie, mais d'analyser ses principes, d'examiner son fonctionnement, de découvrir ses limites et de réaliser son potentiel. Pour ce faire elle suggère de prendre la spécificité de la démocratie libérale pluraliste en tant que forme politique de la société, en tant que nouveau régime, dont la nature, loin d'être l'articulation de la démocratie et du capitalisme, devrait être recherchée exclusivement au niveau du politique. Car selon MOUFFE, c'est en faisant face au défi posé par le communisme aussi rigoureux, nous pourrons comprendre les points faibles de la conception dominante de la démocratie moderne afin de y remédier.

La démocratie, au contraire, est une forme politique par excellence parce que, selon SCHMITT, cité par MOUFFE, il repose sur l'identité collective substantive du groupe, qui est créée en opposition à d'autres groupes. Donc, l'illusion démocratique du parlementarisme en tant que forme de gouvernement libéral découle de la lutte historiquement contingente des libéraux et des démocrates contre les monarchies absolutistes. Cependant, la pluralité des opinions contredit l'homogénéité démocratique[90] nous dit MOUFFE.

La tendance notée dans le champ politique sénégalais n'est plus invisible car, selon TAMBA, le clientélisme ou corruption électorale ou patronage politique est une méthode classique de détournement de voix dans les mœurs

---

[87] ALEXIS DIETH, Le fléau de la manipulation des constitutions en Afrique. 2014. Document disponible sur: https://blogs.mediapart.fr/alexis-dieth/blog/081114/le-fleau-de-la-manipulation-des-constitutions-en-afrique. Consulte le 23/08/2020.

[88] FAURE Yves-André. *Les constitutions et l'exercice du pouvoir en Afrique noire :* pour une lecture différente des textes, Paris, Economica, 1984,p. 214-230. 10.

[89] MOUFFE, Chantal. The Return of the Political. London: Verso, 1993.

[90] Ibid.

politiques sénégalaises[91]. Pour le professeur TAMBA, Maître de conférences de Sociologie de la F.L.S.H, de l'Université Cheikh Anta Diop de Dakar, "la violence politique ou le clientélisme remonterait à la période coloniale. Avec l'indépendance, la méthode se généralisa chez tous les hommes politiques au point qu'aujourd'hui, elle est devenue « normale » dans le champ politique"[92]. TAMBA, affirme que "la plupart des hommes politiques se trouvent pratiquement obligés pour conquérir l'électorat d'avoir recours à des protecteurs (parents, amis, confréries, marabouts, régions, communautés, ethnies, castes) et même pour gagner des voix, les politiciens détournent les consciences des populations en faisant recours aux promesses, à l'argent, au matériel"[93] entres autres.

Alors n'est-il pas encore claire de voir le vrai visage de cette démocratie sénégalaise a l'image parfaite d'une sainte au niveau internationale? Comment un homme politique malhonnête peut-il rassurer son peuple a croie au développement ou à de meilleures conditions de vie quand le népotisme domine le champ politique sénégalais?

Aujourd'hui on trouve beaucoup de jeunes sénégalais ou africains à l'image de "*LUIGI ZINGALES*". LUIGI ZINGALES, professeur à la Booth School of Business de l'Université de Chicago, auteur de " *A Capitalism for the People*"[94], nous explique pourquoi il est tombé sous le charme des Etats-Unis, car il avait rencontré les valeurs du capitalisme qui étaient la liberté et la méritocratie, si différent du favoritisme et le népotisme de son pays natal l'Italie. D'après ZINGALES, pour survivre dans un pays démocratique, une méritocratie de marché libre doit offrir des avantages importants et répandus aux citoyens et posséder une culture accueillante. Mais "lorsque les électeurs perdent confiance dans le système économique parce qu'ils le perçoivent comme corrompu, alors la sainteté de la propriété privée devient également menacée. Et lorsque les droits de propriété ne sont pas protégés, la survie du système de marché libre est en doute "[95]. Alors c'est dans ce même contexte que le Sénégal c'est lancé et la population se sent trahie par l'élite politique et économique. Des hommes

---

[91] TAMBA, Moustapha. Mutations politiques au Sénégal : Bilan de cinquante ans d'indépendance (1960 – 2010). 2011. Disponible sur :
https://www.kas.de/c/document_library/get_file?uuid=d7b21536-41a3-ebf2-b9d1-4590e4827178&groupId=252038. Consulte le 10/08/2020.
[92] Ibid.p.15.
[93] Ibid.p15.
[94] ZINGALES, Luigi. *A capitalism for the people recapturing the lost genius of american prosperity* . New York, NY: Basic Book, 2012.

[95] Ibid.

politiques sans scrupules prêts à sacrifier le peuple pour atteindre leurs objectifs de s'enrichir avec les ressources du pays.

En Afrique francophone, la compréhension du modèle démocratique est souvent limitée lors des élections. Le respect des règles, l'égalité des citoyens devant la loi et la liberté d'expression, principes caractéristiques de la démocratie, sont souvent violés. Quant aux élections tenues dans la plupart de ces pays, elles achètent la conscience des électeurs, falsifient les résultats et dépendent de bases de données sur lesquelles elles ne soutiennent pas les idées démocratiques. L'organisation et la tenue d'élections sont parfois responsables de graves troubles sociaux et de crises post-électorales, entraînant la détérioration du développement social et économique qui devrait être en ordre. Par exemple, en Côte d'Ivoire, lors des élections présidentielles de 2010, ces dernières prendront une allure dramatique après les résultats du second tour ayant opposé le Président sortant Laurent Gbagbo à Alassane Ouattara, candidat de l'opposition, la crise a fait plus de 3 000 morts[96]. Et aussi lors des élections législatives en Guinée-Conakry en 2013, plusieurs morts et des dégâts considérables ont été enregistrés dans la capitale.

Ainsi, pour espérer corriger la situation et parler d'une vraie démocratie en Afrique de l'Ouest francophone ou anglophone il y a un besoin urgent de revoir la transparence : l'une des principales exigences des citoyens à l'égard des responsables politiques et des acteurs. Pour ceux-ci, le défi est de trouver l'équilibre entre ce qui doit être dévoilé et ce qui ne doit ou ne peut l'être. Et pour le citoyen, la difficulté est de savoir si l'information qu'il reçoit est réellement authentique et correspond à la réalité.

Le système peut aider à éviter les crises, s'il est établi sur des bases claires et sur sa transparence. Mais pour cela, la culture du débat politique est nécessaire pour résoudre les difficultés politiques sur le continent.

2 L'illusion de nos hommes politiques

Après l'indépendance, la majorité de ces nations africaines fraichement créées, ont adopté des idéologies politiques qui ne pouvaient pas les rendre productifs pour conduire un réel progrès social et économique dans la société.

---

[96] FREEDOM HOUSE, côte d'ivoire : une decennie de crimes graves non encore punis. Document disponible sur: https://freedomhouse.org/sites/default/files/Cote%20dIvoire%20report.pdf. Consulté le 17/08/2020.

Alors, dans un climat de désorganisation sociale de ce genre, le désir de pouvoir a inévitablement émergé à travers les coups d'État.

Cependant, il convient de souligner que les élections ne sont pas la seule cause de violence pré- ou post-électorale dans la sous-région. Souvent, les élections fournissent l'opportunité pour le peuple d'exprimer d'autres griefs de nature politique ou sociale, au sujet du partage des ressources, de la justice sociale, de la marginalisation, des rivalités ethniques, de l'intimidation, entre autres. Ce fût le cas dans certains pays comme la Guinée Bissau, le Nigeria ou encore la Côte d'ivoire avec ces genres de propos ou discours d'homme politique incitant à la haine, aux conflits ethniques et religieux.

En ce sens, Bizawu[97] souligne qu':

> On observe une tendance dangereuse en Afrique pour certains présidents d'essayer de perpétuer la dynastie au pouvoir en préparant leurs enfants à la succession, en empêchant le jeu démocratique, l'alternance du pouvoir et la bonne gouvernance. Il est également à noter que, lors d'élections organisées, les votes des électeurs sont plus ethniques qu'une manifestation de symbiose avec le programme des candidats. Il n'est pas rare que certains candidats fassent appel aux sentiments tribaux et régionaux pour être élus, laissant de côté la transparence et la crédibilité des votes. A la place de la démocratie, il y a une ethnocratie. Le candidat est de la tribu, pas du peuple dans son ensemble.[98]

Les informations citées par le professeur BIZAWU, mettent en évidence le problème de l'ethnocratie sur le continent africain, une triste réalité qui, malheureusement, persiste encore aujourd'hui dans certains pays. Toujours sur l'ethnocratie, qui provoque des guerres civiles, on peut citer certains pays qui ont déjà été confrontés à un tel problème, comme le génocide au Rwanda, l'un des massacres les plus atroces du XXe siècle. Cet épisode a été perpétré par des Hutus radicaux qui voulaient éliminer les Tutsis rwandais, étant le point culminant d'une «division ethnique», qui a commencé il y a plusieurs décennies

---

[97] BIZAWU, Sébastien K. *Tribunal penal internacional e sustentabilidade.* Curitiba: Instituto Memória, 2016. p.116.

[98] Traduction de libre de « Observa-se na África uma tendência perigosa de alguns presidentes tentarem perpetuar a dinastia no poder ao preparar seus filhos para a sucessão, impedindo o jogo democrático, a alternância no poder e a boa governabilidade. Constata-se também que, nas eleições organizadas, os votos de eleitores são mais étnicos do que uma manifestação de simbiose com o programa dos candidatos. Não é raro que alguns candidatos apelem aos sentimentos tribais e regionais para serem eleitos, deixando de lado a transparência e a credibilidade dos votos. No lugar da democracia, observa-se uma etnocracia. O candidato é da tribo, e não do povo como um todo».

et a causé la mort de plus de 800 000 Tutsis et Hutus modérés et a jeté 2 millions de réfugiés sur les routes.

Le drame rwandais pour illustrer les politiques dangereuses d'acculturation, de divisions et de manipulations ethniques plus ou moins artificielles, les difficultés de construction de nouvelles identités nationales et les conflits postcoloniaux qui en sortirent.[99]

D'autres pays n'ont pas non plus échappé à des événements tels que la Guinée-Bissau, où une crise politique a émergé à partir de 2015 et s'est poursuit jusqu'à la fin du mandat de l'ex président José Mário Vaz, avec des rivalités entre les différents groupes ethniques du pays. La Guinée-Bissau a présenté un nombre important de cas de coups d'État depuis son indépendance, avec une instabilité remarquable, et la dernière guerre civile de 1998, également appelée «guerre du 7 juin», a laissé des séquelles toujours visibles, et depuis le pays est plongé dans une crise d'instabilité politique, toujours incapable de trouver des solutions pour améliorer la vie de la population.

La vie publique a été marquée principalement par la persistance de l'instabilité politique en Guinée-Bissau en 2000, la fragilité de l'État et le non-respect des préceptes de l'État de droit démocratique, notamment en ce qui concerne la soumission du pouvoir civil. La Guinée-Bissau n'a pas été en mesure de surmonter les conséquences politiques, économiques et sociales générées par le conflit politico-militaire de 1998-1999. Cette instabilité politique persistante, incarnée par des coups d'État successifs qui, en moyenne, n'ont pas dépassé les périodes de gouvernement de six mois entre 2000-2004 et deux ans entre 2004-2009, dans les ingérences militaires successives dans les questions politiques et les efforts pour consolider la démocratie et l'état de droit, les conditions de la communauté internationale et le report ultérieur de l'appui des partenaires de développement.[100]

Il y a d'autres pays avec un seul parti au pouvoir depuis l'accession á l'indépendance jusqu' à ce jour ou le pouvoir est monopolisé par une seule dynastie, comme au Kenya et au Gabon[101], où il y a maintien du pouvoir: après le décès du père, c'est au tour de leurs enfants de prendre le pouvoir pour diriger le pays. En Guinée équatoriale, l'actuel président Teodoro Obiang est au pouvoir depuis 1979, Paul Biya président de la République du Cameroun depuis 1982, le

---

[99] SCHAFF, Jacques. Le génocide des Tutsi du Rwanda dans les manuels scolaires français de 1995 à 2014. Ed. 2014.

[100] FRANÇA – GUINÉ-BISSAU: Documento do quadro de parceria (DCP), 2008-2012. Disponível em: http://www.imf.org/external/lang/Portuguese/pubs/ft/scr/2011/cr11353p.pdf 02- 10-2012. Consulte le 19/02/2018.

[101]Plus d'informations sur le Gabon sur :http://info241.com/charles-m-ba-ali-bongo-n-est-pas-legitime-pour-appeler-au,2651. Consulté le 20/02/2018.

Zimbabwe, qui n'échappe pas à ce cycle de pouvoir monopolistique, la démission de Robert Mugabe au Zimbabwe, fin 2017, a marqué une étape dans les transitions démocratiques du continent, tandis que celle de Jacob Zuma en Afrique du Sud illustre la stabilité du pays.[102]

On ne serait pas encore surpris que les africains continuent de croire en ces promesses tout comme on s'étonne que les sénégalais s'étonnent encore d'être déçus à chaque fois par celui qu'ils ont porté à la tête du gouvernement. Il ne peut pourtant en être autrement. Le système politique africains est fondé sur l'illusion qu'un seul homme peut tout régler et doit tout savoir, car c'est bien ce que l'on attend d'un président de la République. Car on a cette illusion qui consiste à croire que tous les précédents présidents étaient des incompétents avérés qui n'ont pas réglé les problèmes et que le prochain sera le sauveur de la nation. Pour gagner la confiance des électeurs, certains candidats promettent le plein-emploi à la population. Même si la population prend conscience des propositions des programmes des candidats, la plupart de ces électeurs savent déjà que l'essentiel ne sera pas appliqué une fois au pouvoir. Alors, il faut savoir que le système politique repose sur un seul objectif qui est la conquête du pouvoir et c'est la réalité. Ainsi, les candidats n'ont que leurs idées politiques et leurs programmes comme moyen pour atteindre leur objectif. Aujourd'hui la logique aurait voulu que ce soit le contraire. Que l'objectif soit la mise en œuvre d'un programme et le moyen d'y parvenir, la conquête du pouvoir.

Cependant, la démocratie ne se consolidera que si les citoyens, se rendent compte des illusions actuelles et en particulier de la croyance en l'homme providentiel, omnipotent et omniscient. Alors, on peut espérer peut être que les institutions pourraient promouvoir la collégialité là où le pouvoir personnel domine et que les processus délibératifs également pourraient gagner en transparence.

Rousseau, dans *Le Contrat social*, observait que « plus le concert règne dans les assemblées, c'est-à-dire plus les avis approchent de l'unanimité, plus aussi la volonté générale est dominante, mais les longs débats, les dissensions, le tumulte annoncent l'ascendant des intérêts particuliers et le déclin de l'Etat »[103]. Parfois, c'est la population même qui donne le pouvoir à ces hommes politiques d'en faire usage contre elle-même.

---

[102] MOLET, Laura, ZERROUKY, Madjid , VAUDANO, Maxime et LECLERC, Aline . Démissions, coups d'Etat, élections… quelles transitions au pouvoir en Afrique ? En savoir plus sur http://www.lemonde.fr/les-decodeurs/article/2017/11/22/le-depart-de-mugabe-au-zimbabwe-nouvelle-etape-dans-les-transitions-democratiques-en-afrique_5218845_4355770.html#fadChzECfvQAq5wH.99. Récupéré le 19/02/2018.

[103] Rousseau, Jean-Jacques - 1712-1778 - Du Contrat Social, IV.2, 1762.

Pour George Orwell, "un peuple qui élit des corrompus, des renégats, des imposteurs, des voleurs et des traîtres n'est pas victime, il est complice"[104]. Faudrait-il encore se poser la question à savoir pourquoi tous ces hommes politiques sont prêts à tout pour accéder au pouvoir ? La réponse est très simple car l'accès à des postes importants va souvent de pair avec le fait de puiser dans les ressources de l'Etat. Donc, perdre son poste revient à perdre également cet accès privilégié aux ressources, une alternative encore très souvent inenvisageable pour de nombreux élus. Alors, face à ce risque, et d'autant plus si leur comportement indélicat est connu, certains seront prêts à tout pour conserver leur poste, y compris à dresser une partie de la population contre une autre.

Le voisin du Sénégal, traverse en ce moment une crise politique faisant des victimes, qui, depuis plusieurs mois, une coalition hétéroclite de chefs religieux, politiques et de la société civile, le Mouvement du 5 juin-Rassemblement des Forces patriotiques du Mali (M5-RFP) ont réclamé le départ du président IBK. Mais ce dernier résistera à la pression de la rue et refuse de démissionner. Alors, faudra attendre son arrestation par des soldats mutins, pour que le président IBK puisse annoncer sa démission qui mettait également fin aux fonctions du gouvernement et de l'Assemblée nationale dont il a proclamé la dissolution.

Ainsi, ce coup d'État militaire marque une nouvelle étape dans la profonde crise politique qui secoue le pays. Ce renversement est donc l'aboutissement de mois d'instabilité politique depuis les élections législatives de mars 2020. Une crise venue s'ajouter à l'insécurité régnant dans le pays depuis 2012.

Malgré les condamnations de la communauté internationale qui a multiplié les appels au maintien au pouvoir du président IBK, le Mali connait donc un autre changement de régime forcé après le putsch mené par le capitaine Sanogo en 2012 qui avait abouti à la chute de l'ex-président Amadou Toumani Touré.

Faut-t-il rappeler aux sénégalais de tirer une leçon sur ce qui ce passe au Mali vu les graves troubles sociaux et de crises post-électorales pendant l'organisation et la tenue d'élections ces dernières années ?

Chaque homme politique qui prétend diriger tout un peuple doit en prendre conscience de la grande responsabilité envers son peuple. THOMAS disait que : " la mort d'un homme vertueux est un malheur pour l'humanité entière, non qu'il puisse être toujours utile aux hommes, mais il orne la terre, et

---

[104] Orwell, George. *Ecrits politiques (1928-1949)*: Sur le socialisme, les intellectuels et la démocratie. (1928-1949). Editeur : Agone Collection : BANC D'ESSAIS, Marseille.

donne plus de dignité à la nature humaine".[105] Alors un homme vertueux, fera un bon politique.

En Afrique, l'image que promeut la démocratie à travers le reste du monde est perçue comme un système politique au point de parfois tomber dans le fétichisme électoral. Car la compréhension du modèle démocratique occidental en Afrique est souvent limitée lors des élections. On voit souvent que le respect des règles, l'égalité des citoyens devant la loi et la liberté d'expression, principes caractéristiques de la démocratie, sont souvent violés. Et quant aux élections tenues dans la plupart des pays africains, la transparence est un enjeu et un défi où la démocratie est encore naissante. Sans pour autant citer les nombreux scandales de corruptions à travers le continent.

Devrions-nous pas réfléchir si vraiment les formes d'organiser les élections correspondraient-elles aux enjeux africains d'aujourd'hui et de demain ? Serait-il pas temps que les démocrates africains de créer un modèle politique africain innovant qui correspondrait à nos réalités africaines?

Ces questionnements devraient être source de réflexion pour tout africain et surtout pour les hommes politiques qui dirigent ou prétendent diriger nos pays. Pour cela l'étude de notre prochain chapitre portera sur la démocratie qui est considérée comme un instrument de développement de la région et la stimulation du commerce international. Car la démocratie est un facteur fondamental pour le développement économique et durable, elle représente la meilleure garantie contre l'instabilité économique, tant au niveau national qu'international. Alors nous déterminerons les principaux facteurs qui permettent à la démocratie d'être un instrument fondamental pour le développement d'un pays et comment elle participe à la croissance du commerce international dans la sous-région. Nous tenterons aussi de proposer des recommandations susceptibles de mener à une meilleure cohérence du système économique pour une stimulation du commerce international des pays de l'Afrique de l'Ouest face aux enjeux de la mondialisation et de compétitivité.

---

[105] THOMAS, Antoine Léonard. *Esprit, maximes et principes de Thomas* (1788). Ed, Hachette Bnf. Paris ,2019.

III- LA DEMOCRATIE EN TANT QU'INSTRUMENT POUR LE DEVELOPPEMENT DE LA SOUS-REGION ET LA STIMULATION DU COMMERCE INTERNATIONAL

Mot d'origine grecque, la démocratie signifie dans les sciences politiques et sociales la "souveraineté du peuple" ou le "droit de tous à la participation aux prises de décision publique"[106]. Les textes classiques définissent la démocratie comme "gouvernement du peuple, par le peuple et pour le peuple", (Abraham Lincoln, le père fondateur des États-Unis).

La déclaration universelle sur la démocratie définissait ainsi la démocratie comme "un idéal universellement reconnu et un objectif fondé sur des valeurs communes à tous les peuples qui composent la communauté mondiale, indépendamment des différences culturelles, politiques, sociales et économiques. Elle est donc un droit fondamental du citoyen, qui doit être exercé dans des conditions de liberté, d'égalité, de transparence et de responsabilité, dans le respect de la pluralité des opinions et dans l'intérêt commun", (DECLARATION UNIVERSELLE SUR LA DEMOCRATIE, Le Caire 1997).

La démocratie peut être considérée comme un système politique qui reconnait la diversité sous toutes ses formes que ça soit politique, culturelle, ethnique, sociales, comme élément constitutif de la société.

Hans KELSEN, fonde le phénomène démocratique sur deux hypothèses fondamentales: la liberté et l'égalité[107]. KELSEN suggère une réforme institutionnelle de telle manière que les individus participent en tant qu'agents du processus d'élaboration de normes générales à travers des instituts garantis par la Loi.

Selon KELSEN, la démocratie est comprise comme une méthode capable de créer un ordre social collectif[108]. La règle de la majorité est une caractéristique essentielle de la démocratie procédurale, qui permet de préserver la liberté du plus grand nombre d'individus dans la société. La vision relativiste du monde justifie la démocratie kelsenienne, fondée sur la liberté, puisque l'individu est libre (autonome) pour créer ses vérités et ses valeurs. Il serait intéressant aussi, pour KALSEN de prendre en compte les forces de dissociation entre les personnes pour remarquer que, si d'un côté les personnes sont liées, dans leurs interactions au sein de groupes sociaux, par des intérêts économiques,

---

[106] http://lettres.tice.ac-orleans-tours.fr/php5/coin_eleve/etymon/divers/demo.htm. Consulté le 20/11/2017.
[107] KELSEN, Hans. **A democracia**. Tradução de Ivone Castilho Benedetti, Jefferson Luiz Camargo, Marcelo Brandão Cipolla, Vera Barkow. São Paulo: Martins Fontes, 2000.
[108] Ibid.

nationaux, religieux etc., d'un autre côté les différents groupes sont justement séparés par ces intérêts.

Dans la conception de Norberto BOBBIO[109], la règle de la majorité n'est pas fondée sur l'égalité, puisqu'elle n'est qu'un instrument de calcul des votes dans une démocratie réelle, et que l'égalité et la liberté sont nécessairement des valeurs complémentaires. Bobbio soutient également que l'exercice de la démocratie doit être assuré par des limites constitutionnelles, telles que les droits de la liberté et de l'opinion.

Ainsi BOBBIO, part d'une définition plus simple de la démocratie, comme un ensemble de règles du jeu[110]. Il considère que la règle de la majorité est simplement une règle pour le calcul des voix, qui ne peut être considérée comme un idéal sur lequel repose un système démocratique. Cet idéal qui soutient réellement un système démocratique est la suprématie du pouvoir ascendant. Cet idéal ne peut être réalisé que là où le suffrage universel existe. Alors il identifie trois espèces de limites du principe majoritaire: la limite de validité, les limites d'application et les limites d'efficacité. Pour reprendre les propos de Julie BASTIANUTTI[111], selon Bobbio, le bon fonctionnement d'une société passe par la prise de décisions contraignantes pour l'ensemble des membres, alors que le groupe en tant que tel ne peut pas décider. BOBBIO exprime ainsi la difficulté du passage de l'individuel au collectif : "Afin qu'une décision prise par des individus (un, plusieurs, beaucoup, tous) puisse être acceptée comme une décision collective, il faut qu'elle soit prise sur la base de règles (peu importe qu'elles soient écrites ou coutumières) qui établissent quels sont les individus autorisés à prendre les décisions contraignantes pour tous les membres du groupe, et sur la base de quelles procédures [ils sont autorisés à le faire] "[112]. Il faut comprendre que l'étude de ce point particulier du travail de Bobbio est d'une grande pertinence pratique, surtout dans un pays qui se développe et se perfectionne progressivement en tant qu'Etat démocratique.

Pour Jürgen HABERMAS[113], selon le principe du discours, la construction d'une société juste, fondée sur la liberté et l'égalité de tous, devrait permettre la participation la plus large des citoyens afin de légitimer le pouvoir

[109] BOBBIO, Norberto.**O futuro da democracia; uma defesa das regras do jogo** /Norberto Bobbio; tradução de Marco Aurélio Nogueira. Rio de Janeiro: Paz e Terra, 1986.
[110] Ibid.
[111] Julie Bastianutti. Norberto Bobbio, la règle au coeur de la démocratie. Le Libellio d'Aegis, 2008, 4 (2), pp.19-28. ⟨hal-00408212⟩
[112] (Bobbio, 1991, pp. 4-5) cité par Julie Bastianutti, in Norberto Bobbio, la règle au coeur de la démocratie. Le Libellio d'Aegis, 2008, 4 (2), pp.19-28.
[113] HABERMAS, Jürgen, Droit et Démocratie, ibid., p. 123 ; L'intégration Républicaine, 1997.op. cit.p. 58.

d'Etat. HABERMAS affirme que la loi n'a de légitimité que lorsqu'elle découle de la formation communicative de l'opinion et de l'assentiment des citoyens qui, dans une relation d'égalité, ont les mêmes droits.

La principale similitude entre ces trois penseurs cités est l'importance de la démocratie de l'existence d'un dialogue intense entre les citoyens, par la nécessité de la discussion entre majorité et minorité dans les idées démocratiques en garantissant les principes de liberté et d'égalité.

Ces divergences qui aurait causé l'incohérence de la société, se retrouve canalisée par l'attribution des libertés fondamentales. C'est dans ce sens que le système permet à tous de s'exprimer explicitement par le biais d'outils légaux et d'affirmer ses opinions pour faire adhérer les gens à sa vision et arriver au pouvoir par le billet des votes. Dès lors la démocratie ce voit être la passation de pouvoir régie par les lois et la constitution ce qui permet d'éviter sa monopolisation par une même force et ainsi apporter l'alternance par la diversité de la presse, des partis politiques, des syndicats et le respect des droits fondamentaux.

Ce pendant en Afrique, la diversité, l'ambiguïté et l'étendue de la définition de la démocratie et de ses principes créent parfois des problèmes pour déterminer les différents types de la démocratie, d'où la diversité des classifications.

C'est dans ce sens que QUANTIN, explique que la société africaine n'est pas aujourd'hui confrontés à un modèle unique, imposé et rigide, celui de la démocratie *"importée"*, mais qu'ils disposent d'un jeu de différents modèles qu'ils peuvent adapter en fonction des contraintes[114]. QUANTIN soutient que, "dans ces régimes survivraient des éléments de démocratie (élections) amalgamés avec des pratiques autoritaires inexpugnables. Cette vue d'ensemble produit bien une image (peu flatteuse) de la démocratie en Afrique, mais pas un "modèle", c'est-à-dire une référence forte qui aurait valeur d'objectif"[115].

L'étude de ce chapitre conduira à analyser comment la démocratie devient un instrument fondamental pour le développement d'un pays et comment elle participe à la croissance du commerce international dans la sous-région.

Ensuite localiser les différents secteurs qui peuvent favoriser une stimulation du commerce international.

---

[114] QUANTIN Patrick, « La démocratie en Afrique à la recherche d'un modèle », Pouvoirs, 2009/2 (n° 129), p. 65-76. DOI : 10.3917/pouv.129.0065. URL : https://www.cairn.info/revue-pouvoirs-2009-2-page-65.htm.

[115] Quantin Patrick, « La démocratie en Afrique à la recherche d'un modèle », Pouvoirs, 2009/2 (n° 129), p. 65-76. DOI : 10.3917/pouv.129.0065. URL : https://www.cairn.info/revue-pouvoirs-2009-2-page-65.htm

1 Les fondements de la démocratie pour le développement dans la sous-région

[116]La démocratie est l'une des valeurs et des principes de base universels et indivisibles des Nations Unies. Il est fondé sur la volonté librement exprimée des peuples et est étroitement lié à la primauté du droit et à l'exercice des droits de l'homme et des libertés fondamentales.

Le mot *"démocratie"* est une combinaison de *"dêmos"* (peuple) et *"Kratos"* (pouvoir, souveraineté, gouvernance).[117]

Ce terme désigne aujourd'hui l'exercice de la souveraineté par les citoyens. Même s'il existe différentes définitions pour la démocratie, la participation politique des citoyens à la prise des décisions reste le principe fondamental de la démocratie.

En effet, la démocratie trouve ses origines dans trois principes suivants: liberté, égalité et participation. Mais cela n'empêche que certains penseurs y ajoutent le respect de trois principes suivants et ses subordonnés: légitimité, égalité, liberté. Dans une approche plus vaste de la DECLARATION UNIVERSELLE SUR LA DEMOCRATIE[118], il est bien visible de noter les principes de base de la démocratie mentionnées par LE CONSEIL INTERPARLEMENTAIRE lors de sa 161eme session (Le Caire, 16 septembre 1997) qui sont : le pouvoir et la loi découlant de la volonté du peuple, la liberté de pensée pour tout le monde, l'existence des mécanismes précis pour l'expression libre de l'opinion publique dont les partis politiques, le principe de la souveraineté de la majorité, la tolérance politique, la restriction de l'exercice du pouvoir par l'État dans le cadre du respect des droits et des libertés individuelles et collectives, la pluralité des valeurs et des intérêts sociaux, la liberté du débat public et de l'échange des points de vue politiques, le renforcement de la société civile, le principe de la relativité des valeurs morales, la tolérance par rapport les croyances diverses ou contradictoires, l'égalité politique pour les groupes sociaux et la possibilité pour eux de participer à l'exercice du pouvoir, la possibilité pour les minorités idéologiques pour devenir majoritaire par le biais de la propagande de leurs opinions, l'indépendance du pouvoir judiciaire pour garantir les libertés civiles des individus et des groupes, la séparation des trois pouvoirs, la possibilité de l'expression organisée et légale de l'opposition.

---

[116]Document final du Sommet mondial de 2005. Document disponible sur : http://www.un.org/fr/events/democracyday/democracy.shtml. Consulté le 22/11/2017

[117] POLÉRE, Cédric. Démocratie de quoi parle-t-on? Avril 2007.

[118]Document disponible sur : http://archive.ipu.org/cnl-f/161-dem.htm. Consulté le 22/11/2017

"Nous réaffirmons que la démocratie est une valeur universelle, qui émane de la volonté librement exprimée des peuples de définir leur propre système politique, économique, social et culturel et qui repose sur leur pleine participation à tous les aspects de leur existence", (RESOLUTION ADOPTEE PAR L'ASSEMBLEE GENERALE LE 16 SEPTEMBRE 2005).

Au niveau universel, la démocratie ne faisait pas partie des préoccupations explicites de l'ONU. En effet, la Charte elle-même ne mentionne pas le terme "démocratie", mais nous ne pouvons ignorer le fait que l'auteur de cet accord a commencé le préambule par les fameux mots de la charte[119] "Nous, peuples des Nations Unies", qui reflète le principe fondamental de la démocratie, à savoir que la volonté des peuples est l'essence de la légitimité des Etats souverains et donc de l'ensemble des Nations Unies.

Au contraire, la Déclaration universelle des droits de l'homme du 10 décembre 1948 stipule expressément à l'article 21 que la volonté du peuple sera la base des pouvoirs. Cette définition a été approuvée par la Commission de droit international public. Le Pacte international relatif aux droits civils et politiques reconnaît à l'article 25 le droit de tout citoyen de prendre part à la direction des affaires publiques.[120]

La Déclaration universelle des droits de l'homme, adoptée par l'Assemblée générale en 1948, énonçait clairement le concept de démocratie en déclarant « La volonté du peuple est le fondement de l'autorité des pouvoirs publics. » La Déclaration énonce les droits essentiels à une véritable participation politique. « Depuis son adoption, elle a inspiré l'élaboration de constitutions à chaque coin du monde, et a grandement contribué à faire enfin accepter la démocratie, partout dans le monde, en tant que valeur universelle. »[121]

Ainsi ce changement suit une tendance mondiale qui apparaît à l'échelle internationale, nationale, historique, culturelle, sociale et même démographique. Cela a conduit à l'émergence de nouveaux principes et de nouvelles valeurs si le principe de non-recours à la menace ou à l'usage de la force, le principe de non-intervention dans les affaires intérieures pour affirmer le principe de coopération, et, enfin, le principe de la légitimité démocratique. Des principes tels que la justice, l'égalité, la primauté du droit, le pluralisme, le développement, de meilleures conditions de vie et la solidarité peuvent également être ajoutés.

---

[119] Nations Unies. Document disponibles sur :
http://www.un.org/fr/events/democracyday/pdf/democracy.pdf. Consulté le 22/11/2017.
[120] Ibid. Consulté le 22/11/2017.
[121] [121] http://www.un.org/fr/events/democracyday/pdf/democracy.pdf. Consulté le 14/02/2018.

Pour le sociologue Alain TOURAINE[122], la démocratie est une politique de la reconnaissance, une idée qu'il emprunte à Charles TAYLOR. Donc il s'agit des règles de procédure, des formes de participation directe ou indirecte à la prise de décision et de la possibilité de faire des choix réels. Ainsi il rejoint la problématique de BOBBIO, (1986). La démocratie ne peut plus se définir par les seuls droits civiques et sociaux. Selon TOURAINE :" Ce que j'appelle le sujet ne peut se présenter que comme l'affirmation du droit à être un individu. Ce droit que je réclame pour moi, je le réclame bien sûr pour les autres; c'est la définition même de la démocratie, où chacun se sent le droit d'être reconnu comme un individu".[123]

Concernant la démocratie en Afrique, il est évident de voir plusieurs modèles de démocratie dans toutes ces formes au lendemain des indépendances. Pour en citer quelques exemples de démocratie en Afrique, le Sénégal offre cette singularité d'être l'un des pays les plus stables d'Afrique. Mais il doit ce succès grâce à une autre particularité qui est celle d'avoir entrepris, bien avant les autres, de libéraliser sa vie politique, faisant ainsi œuvre de pionnier sur le continent.

En effet, l'espace religieux constitue un autre sujet d'observation des dynamiques sociales particulièrement sensible dans la société africaine. C'est dans ce sens que Christian COULON[124], explique que les effervescences religieuses agitent toutes les sociétés africaines et s'affirment de plus en plus comme des lieux de recomposition sociale et politique, y compris dans des contextes de démocratisation. Pour COULON, la longue pratique que l' Etat sénégalais (et avant lui le colonisateur) a de cette inscription du religieux dans l' univers économique, social et religieux est certainement susceptible de nous éclairer sur les articulations, les décalages et les ruptures qui jalonnent l'histoire des relations du religieux et du politique, du marabout et du prince[125]. C'est dans cette optique qu'il affirmait que :

> Si l' exemple sénégalais offre certaines singularités (qui
> tiennent l' organisation des musulmans en confréries dirigées par des
> patrons charismatiques), il n'en est pas moins intéressant sur un plan
> comparatif, car il nous sensibilise des questions comme celles des
> médiations religieuses, de la politique du ventre des organisations

---

[122] TOURAINE, Alain. Qu'est-ce que la démocratie? Paris Fayard, 19994, p.297.
[123] Propos recueillis par Louis Maurin disponible sur : http://www.alternatives-economiques.fr/acteurs-sociaux--penser-le-changement--entretien-avec-alain-touraine_fr_art_33_3089.html
[124] COULON, Christian. Politique Africaine n°45 : Sénégal, la démocratie à l'épreuve. 1992.
[125] Ibid.

religieuses ou de la gestion politique du sacré dans les sociétés africaines contemporaines.

Alors dès lors il est possible de voir une démocratie a l'africaine comme le souligne QUANTIN[126] qui a développé cette idée en soutenant que:

> Ce modèle semble s'imposer chronologiquement puisqu'il se réfère à un passé révolu, à un âge d'or. Il ne correspond pas à proprement parler à une époque ; il est à tout moment sollicité et réactivé. L'idée de légitimité démocratique n'est pas étrangère à certains systèmes politiques africains anciens. Avant l'importation des procédures occidentales de participation, et plus particulièrement du vote, il n'était pas exceptionnel de rencontrer des formules de contrôle du pouvoir ou de prise de décision collective. Des collèges électoraux pouvaient procéder à la nomination d'un chef ou d'un roi. Plus encore, des formes de souveraineté populaire pouvaient se rencontrer. Au Ghana, par exemple, les Akan considéraient que le pouvoir d'un dirigeant découlait du peuple et était seulement délégué par celui-ci, (Quantin Patrick, 2009).

Alors l'existence de telles pratiques contredit la thèse d'une incompatibilité totale entre la démocratie et les cultures africaines et que la très grande variété des situations a permis la réinvention de traditions selon QUANTIN. Mais aussi - certaines visions simplifiées et idéologiques ont fait de la démocratie une propriété consubstantielle des sociétés africaines - d'autres, à l'opposé et non moins réductrices, ont préféré insister sur le poids des imaginaires religieux et des structures lignagères pour nier la possibilité de l'agrégation de choix individuels dans la formation des décisions collectives.[127]

Si le Président Nelson Mandela suivait une trajectoire tant révolutionnaire que politique durant sa lutte contre l'apartheid[128], ceci devrait inspirer la majorité des dirigeants de tous les pays africains qui s'accrochent pendant des décennies au pouvoir. Feu Mandela a consacré toute une partie de sa vie a lutté inlassablement pour les principes de liberté, lutter contre le racisme et toute forme de xénophobie. Partant de principe cardinal fondement de toute bonne gouvernance et d'un Etat de Droit , avec un seul mandat, il a montré que

---

[126] Quantin Patrick, « La démocratie en Afrique à la recherche d'un modèle », Pouvoirs, 2009/2 (n° 129), p. 65-76. DOI : 10.3917/pouv.129.0065. URL : https://www.cairn.info/revue-pouvoirs-2009-2-page-65.htm
[127] Ibid.
[128] Mot afrikaans partiellement dérivé du français, signifiant « séparation, mise à part ») était une politique dite de « développement séparé » affectant des populations selon des critères raciaux ou ethniques dans des zones géographiques déterminées.

l'alternance au pouvoir est possible en Afrique en instaurant les principes de la démocratie tenant compte de l'anthropologie de l'Afrique , étant entendu comme l'a démontré le prix Nobel d'économie Amartya SEN qu'existent des liens dialectiques entre Développement et Démocratie qui est l'objectif suprême de la question qui implique le développement et le dépassement de ces problèmes aux niveaux local, national et mondial. Le rôle des libertés, est la thèse centrale de son livre *"Development as Freedom" publié en 1999*. Son hypothèse de base est que l'expansion de la liberté est considérée, par cette approche, comme la fin et le principal moyen de développement, (SEN Amartya, 1999).

Cette approche développée par SEN tout au long de son œuvre démontre bien son idée, considérant que la garantie du développement doit passer par la liberté. Mais cette approche a du mal á être comprise par les dirigeants des pays africains, continent à très fortes potentialités, malgré une nette amélioration par rapport aux dernières décennies, mais qui connait paradoxalement une des misères les plus élevés au monde, avec une concentration du revenu au profit d'une minorité, creusant les inégalités sociale devraient s'inspirer du comportement moral, existant un lien entre la morale, l'éthique et développement du Président Feu Nelson Mandela privilégiant non pas leurs intérêts et ceux de leurs proches mais de leurs populations.

Pour emprunté les idées de George AYITTEY, il disait que Nelson Mandela lui-même exprime l'idéal de la tradition précoloniale dans les termes suivants : «Alors notre peuple vivait en paix, sous le gouvernement démocratique de ses rois [...]. Alors le pays était à nous, en notre nom et notre droit [...]. Tous les hommes étaient libres et égaux et c'était là le fondement du gouvernement. Le Conseil [des Anciens] était si totalement démocratique que tous les membres de la tribu pouvaient participer à ses délibérations. Chef et sujet, guerrier et guérisseur, tous prenaient part et s'efforçaient d'influencer les décisions»[129].

C'est ainsi que QUANTIN dans son article traite en profondeur la démocratie à l'africaine qu'il qualifie le plus souvent, - conçue dans une forme qui l'associe à d'autres modèles á savoir- le socialisme africain, par exemple, découle de l'idée d'un partage des ressources dans les sociétés traditionnelles

---

[129] Nelson Mandela cité par George Ayittey, in « La démocratie en Afrique précoloniale », Afrique 2000, n° 2, juillet 1990, p. 39.

africaines. La démocratie y est conçue comme la manière de parvenir à un consensus dans la participation de tous au débat.[130]

Plusieurs chercheurs ont développés des recherches concernant la démocratie en Afrique et les difficultés de son implantation depuis les indépendances jusqu' aujourd'hui.

Ainsi Kwame BOAFO-ARTHUR dans ses recherches, affirmait que "la renaissance de la démocratie dans la sous-région s'inscrivait dans le contexte des régimes militaires répressifs et des dictatures à parti unique. Ici, la renaissance signifie le passage d'un pays d'un régime non démocratique à un régime démocratique. Cette sous-région était devenue un foyer d'autoritarisme avant le début des années 1990, ce qui est un euphémisme. Coups et contrecoups sont devenus des traits distinctifs de la politique de la sous-région."[131] C'est dans cette même lignée que QUANTIN affirmant aussi que :

> Le pluralisme est abandonné aussitôt après les indépendances sur l'initiative des nouveaux gouvernements, sous le regard bienveillant des anciennes métropoles et des États-Unis qui se gardent de protester. Le rejet du pluralisme et le passage au parti unique par interdiction ou fusion obligée des partis d'opposition précédèrent les coups d'État militaires qui ne commencent qu'à partir de 1963 et ne touchent d'ailleurs pas tous les pays. L'abandon du multipartisme n'est donc pas causé initialement par les forces armées ou par la violence civile. C'est le choix de civils qui sont souvent de grands leaders nationalistes, (QUANTIN, 2009).

Kwame BOAFO-ARTHUR, rejoint QUANTIN dans ce sens en défendant dans son livre que de 1960 à 1989, l'Afrique de l'Ouest était très instable et représentait un très fort pourcentage de coups d'État militaires sur le continent. Sans compter les coups d'Etat avortés qui ont été rendus publics, le Nigeria, le géant régional, arrive en tête du classement du coup d'état militaire avec six interventions réussies, suivi par le Ghana avec cinq interventions réussies. Ainsi que les pays voisins comme le Ghana, le Burkina Faso et le Bénin, ont chacun remporté 11 coups d'Etat réussis.[132]

---

[130] Quantin Patrick, « La démocratie en Afrique à la recherche d'un modèle », Pouvoirs, 2009/2 (n° 129), p. 65-76. DOI : 10.3917/pouv.129.0065. URL : https://www.cairn.info/revue-pouvoirs-2009-2-page-65.htm
[131] BOAFO-ARTHUR, Kwame, in "DEMOCRACY AND STABILITY IN WEST AFRICA: The Ghanaian Experience, 2008, p.10.
[132] Ibid.p.10.

Encore dans ses recherches, Kwame BOAFO-ARTHUR, nous présente le classement des coups d'État militaire avant et après le processus de démocratisation en Afrique de l'Ouest est présenté dans le Tableau 1 ci-dessous avec le classement 2006 de FREEDOM HOUSE des pays de la sous-région sur les droits politiques, les libertés civiles et le statut de liberté. Selon l'auteur cité, de nombreux pays ont souffert de la règle du parti unique ainsi que des interventions militaires avec l'abus concomitant des droits du peuple. Certains ont subi des dommages irréparables à l'infrastructure économique à cause des guerres civiles. Il est intéressant de noter que dans les classements de FREEDOM HOUSE, seuls cinq des pays d'Afrique de l'Ouest sont considérés comme "libres", huit d'entre eux étant "partiellement libres" et trois classés comme "non libres". On peut donc conclure, sur la base du nombre de pays "en partie libres" et "non libres" en ce qui concerne les droits politiques et les libertés civiles, que cette région est encore instable. Est-il possible aussi d'argumenter que lorsqu'il s'agit de politiques relativement stables dans la sous-région, il convient de mentionner les cinq pays qui ont été classés comme "libres" par le FREEDOM HOUSE Table 1: Political Data on West Africa, (Kwame Boafo-Arthur, 2008).

Table1: Political Data on West Africa

Country	Yr. of Independence	Yr./No. of Military	Current Political	FreedomHouse Ratings		
				P	C	S
Benin	1960	1963;1965; 1969; 1972	Democracy	2	2	F
BurkinaFaso	1960	1966;1974; 1980; 1987	Emerging Democracy	5	3	PF
CapeVerde	1975	-	Democracy	1	1	F
Côte d'Ivoire	1960	1999	Restricted Democratic Practice	6	6	NF
TheGambia	1965	1994	Emerging Democracy	5	4	PF
Ghana	1957	1966; 1972; 1978*, 1979; 1981	Democracy	1	2	F

Guinea	1958	1984	Restricted Democratic Practice	6	5	NF
Guinea Bissau	1974	1980	Democracy	3	4	PF
Liberia	1847	1980 (1990-1997-civilwar)	Democracy	4	4	PF
Mali	1960	1968; 1976	Democracy	2	2	F
Mauritania	1960	1978; 2005	Military Regime	6	4	PF
Niger	1960	1974;1996 (1990-1995-Tuareg rebellion)	Democracy	3	3	PF
Nigeria	1960	Jan.1966; July 1966;1975;1983;1985;1993	Democracy	4	4	PF
Senegal	1960	-	Democracy	2	3	F
Sierra Leone	1961	1967;1992; 1997(1991-2001-civil war)	Democracy	4	3	PF
Togo	1960	1963;1967; 2005	Restricted Democratic Practice	6	5	NF

Source: Kwame Boafo-Arthur dans ses recherches in "*Democracy and Stability in West Africa: The Ghanaian Experience, 2008, p.10*.
F= Libre; **PF**= Partiellement Libre; **NF**= Non libre

La démocratie à l'africaine comme il est illustrée dans ce tableau 1, montre réellement les difficultés d'adaptation de celle-ci par la majorité des pays africains, et en particulier ceux de l'Afrique de l'Ouest. Dans le cas des pays de l'Afrique de l'Ouest même si les résultats sont encore insuffisants en matière de démocratie, mais il faut aussi noter une petite évolution de quelques pays qui sont des modèles de démocratie dans le Continent comme le Sénégal, le Ghana, le Cap-Vert, le Bénin et le Mali, même si ce dernier a connu quelques perturbations politiques durant ces dernières années. C'est ainsi que Babacar GUEYE[133] affirmait : "quelle que soit la voie empruntée, le processus de démocratisation a permis dans tous les pays l'instauration du multipartisme, du pluralisme politique, économique et syndical, l'organisation d'élections disputées, la rédaction de nouvelles constitutions et leur adoption par référendum ; bref, l'organisation de la vie démocratique"[134].

En fait, tous les pays de l'Afrique de l'Ouest se réclament d'être des pays démocratiques même s'il est visible parfois de voir certains comportements anti démocratique dans certains pays de la sous- région. Mais pour certains penseurs, comme l'affirmait B.GUEYE, "le mérite de l'instauration de la démocratie en Afrique est d'avoir solennellement affirmé le caractère universel des principes et règles qui fondent toute démocratie et qui s'articulent autour de la primauté du suffrage universel, de la séparation des pouvoirs, de l'indépendance de la justice, de la garantie des libertés d'expression et du respect des droits de l'homme".[135] Or, en se basant sur cette affirmation de B. GUEYE, il est bien visible de voir certains pays dans la sous-région qui sont loin de satisfaire les principes démocratiques pour ainsi aboutir à une bonne instauration de la démocratie telle affirmé par le caractère universel des principes et règles qui fondent une vraie démocratie.

Par conséquent, la démocratie est analysée comme un système politique dans lequel aucun individu et aucun groupe ne devraient s'approprier le pouvoir. Selon l'expression d'Abraham Lincoln, les gens exercent le pouvoir en fonction de ces besoins.[136]

Ainsi la société est libre de prendre des décisions en ce qui les concerne, y compris le droit de vote, puisque la démocratie exige que les gens aient le droit de vote. Dans un pays où le droit de vote est contesté, il n'y a pas de démocratie. Mais il faut noter que dans plusieurs pays africains, le droit de vote est souvent mal respecté par le régime en place, qui veut monopoliser le pouvoir. Une

---

[133] Babacar Guèye, professeur à la faculté des sciences juridiques et politiques de l'université Cheikh Anta Diop de Dakar.
[134] Guèye Babacar, « La démocratie en Afrique : succès et résistances », Pouvoirs, 2009/2 (n° 129), p. 5-26. DOI : 10.3917/pouv.129.0005. URL : https://www.cairn.info/revue-pouvoirs-2009-2-page-5.htm. Consulté le 22/11/2017.
[135] Ibid.p.5-26.
[136] DE QUIRINI, Pierre. Expliquez-moi la démocratie, éd. CEPAS, Zaïre, 1987, P. 7

minorité de la population à ce droit dans ces pays, après tout, le système politique ne suit pas les fondements de la démocratie.[137]

En philosophie du droit, la notion de vote obligatoire proviendrait du principe de *l'électorat-fonction* – que l'on oppose souvent à la notion *d'électorat-droit* – selon lequel le droit de vote n'est pas uniquement un droit, que le citoyen est libre d'exercer ou pas, mais également une fonction que la Nation attribue aux citoyens.[138]

Il convient de noter qu'il existe certainement un lien entre la démocratie et la primauté du droit. Ce dernier signifie que le système institutionnel dans lequel le pouvoir public est soumis à la loi est cristallisé. Les garanties de la primauté du droit sont la séparation des pouvoirs, l'indépendance des juges, la constitutionnalité des lois et la légalité des actes administratifs et la protection des droits de l'homme. Par conséquent, la primauté du droit est un élément essentiel de la démocratie, (Babacar Gueye, 2009).

Sur le plan continental, en 1999, l'Organisation de l'unité africaine a adopté le principe d'exclusion des États ou un gouvernement se seraient emparés du pouvoir par la force. En 2001, les quinze pays membres de la Communauté économique des États d'Afrique de l'Ouest (CEDEAO) ont adopté un protocole sur la démocratie et la bonne gouvernance qui impose à ses membres le respect des principes démocratiques et interdit de réformer la loi électorale de manière substantielle sans le consentement d'une large majorité des acteurs politiques, dans les six mois précédant les élections[139].

Ne faudrait-il pas s'interroger vraiment sur les élections comme facteur favorisant la violence dans les démocraties fragiles d'Afrique de l'Ouest? Car la majorité des violences qui surgissent en Afrique de l'Ouest sont souvent provoquées par l'approchement ou pendant les élections[140].

---

[137] Guèye Babacar, « La démocratie en Afrique : succès et résistances », Pouvoirs, 2009/2 (n° 129), p. 5-26. DOI : 10.3917/pouv.129.0005. URL : https://www.cairn.info/revue-pouvoirs-2009-2-page-5.htm. Consulté le 22/11/2017.

[138] BEN ACHOUR, RIM. Etat de la question pour ou contre le vote obligatoire ? Article disponible sur : http://www.iev.be/getattachment/04267ce6-9f77-4518-9bd5-b4b7d1bc174c/Pour-ou-contre-le-vote-obligatoire--.aspx. Consulté le 02/12/2017.

[139] Article publié en avril 2010, à l'occasion du cinquantenaire des indépendances africaines. Disponible sur : http://www.rfi.fr/afrique/20100416-afrique-etat-lieux-democratie. Consulté le 23/11/2017.

[140] http://www.un.org/africarenewal/fr/magazine/ao%C3%BBt-2015/cellule-de-crise-des-femmes-nouvelle-approche-pour-r%C3%A9duire-les-violences. Consulté le 22/11/2017.

Parfois les politiques de concurrence, renforcent clairement le sentiment de division dans diverses sociétés, étant donné la forte tentation qu'éprouvent des dirigeants sinistres à exploiter des failles ethniques et autres faiblesses.[141]

Bien que, la tenue d'élections libres et transparente doit être considérée comme l'une des composantes d'un engagement à long terme en faveur du renforcement de la démocratie. Pour cela il est très important de saluer les appels croissants lancés à la communauté internationale pour qu'elle reste ferme dans sa décision de n'approuver aucun coup d'État, une position aussi adoptée par l'Union africaine. Cette condamnation est inscrite dans l'Acte constitutif de l'Union africaine (4p) et dans la Charte Africaine sur la Démocratie, les Elections et la Gouvernance[142], entrée en vigueur le 15 février 2012. Celle-ci en ses articles 2(4) et 3 (10) rejette et condamne tout changement anticonstitutionnel de gouvernement.

Le préambule de la Charte africaine de la Démocratie, des Elections et de la Gouvernance présente les changements anticonstitutionnels de gouvernement comme l'une des causes essentielles d'insécurité, d'instabilité, de crise et même de violents conflits en Afrique.

Selon l'article 2, il est une menace à la stabilité, à la paix, à la sécurité et au développement du continent. S'inscrivant dans la même direction, le Protocole de la Communauté économique des Etats de l'Afrique de l'Ouest (CEDEAO) en son article 1er c dispose que : " Tout changement anticonstitutionnel est interdit, de même que tout mode non démocratique d'accession ou de maintien au pouvoir ".[143]

Ce protocole s'invite à tous les pays ouest-africains autour de la promotion de la bonne gouvernance dans l'espace CEDEAO pour ainsi promouvoir la paix, la stabilité, la sécurité et le développement au sein de la communauté à travers une démocratie digne.

---

[141] Afrique Renouveau, Août 2012 Vol. 26 No. 2, disponible sur : http://www.un.org/fr/africarenewal/vol26no2/Africa-Renewal-Aug-2012-fr.pdf. Consulté le 23/11/2017.
[142] Charte disponible sur : http://archive.ipu.org/idd-f/afr_charter.pdf . Consulté le 23/11/2017.
[143] Protocole disponible sur : https://www.eisa.org.za/pdf/ecowas2001protocol1.pdf. Consulté le 23/11/2017.

2 Les différents secteurs qui peuvent favoriser une stimulation du commerce intra-africain et international

L'Afrique, est un continent qui fait face, dans le cadre de la mondialisation, aux défis de la compétitivité depuis des décennies. Ainsi pour assurer une bonne compétitivité, il est primordiale le développement des différents types d'infrastructures. Mais le manque d'infrastructures d'innovation en Afrique, entrave la croissance économique du continent.[144]

Cependant, le développement d'infrastructures d'innovation s'avère essentiel pour assurer de meilleures performances économiques en Afrique, en commençant par l'amélioration de la qualité des institutions de recherche, de la qualité des systèmes éducatifs et en renforçant la collaboration en matière de recherche entre le monde industriel et universitaire.[145]

Même si les gouvernements africains portent une part importante de responsabilité en ce qui concerne les performances économiques du continent, faut aussi souligner les politiques mal conçues dans le passé, une mauvaise allocation des ressources, de fausses priorités et une pure corruption ont toutes contribué aux médiocres résultats des économies africaines actuellement.[146] En cette pleine ère de la mondialisation, de l'investissement, du capital humain, le désir des pays africains de devenir plus compétitifs n'est plus à douter. Le secteur des infrastructures modernes étant un facteur de compétitivité, son développement semble essentiel. Ce genre d'infrastructure est un ensemble d'éléments structurels qui fournissent un cadre pour promouvoir et développer l'innovation, les sciences et les technologies selon MALEK.

Aujourd'hui, l'Afrique est le continent qui attire le plus d'investisseurs après l'Amérique du Nord, ces derniers s'intéressant à d'autres marchés que le trio habituel constitué par l'Afrique du Sud, le Nigeria et le Kenya. Or, la hausse des investissements et une plus forte industrialisation sont autant de facteurs qui permettront au continent de créer des emplois et faire reculer la pauvreté.[147]

---

[144] MALEK, Jihène. Les infrastructures d'innovation et croissance économique en Afrique. 2014.

[145] Ibid.

[146] RAPPORT SUR LA GOUVERNANCE EN AFRIQUE IV, 2016. Disponible sur : https://www.uneca.org/sites/default/files/PublicationFiles/agriv_fre_fin_12april.pdf. Consulté le 25/11/2017.

[147] DIOP, Makhtar, Yuan Li, Li Yong, H.E. Ato Ahmed Shide China Daily, http://www.banquemondiale.org/fr/news/opinion/2015/06/30/africa-still-poised-to-become-the-next-great-investment-destination. Consulté le 15/02/2018.

Cependant l'Afrique de l'Ouest n'est pas, à l'heure actuelle, en mesure de tirer pleinement profit de ses avantages. [148] Cela est dû à l'insuffisance et le faible développement des infrastructures au niveau de la sous-région ce qui présente un obstacle majeur au développement d'industries compétitives dans la région. Ainsi il est bien visible de constater ce problème dans des domaines comme l'énergie, l'agriculture, l'approvisionnement en eau, les transports et les communications, qui sont autant d'éléments déterminants pour la réussite des entreprises. Le continent a besoin d'investissements publics pour corriger le problème, (Rapport Afrique de l'Ouest 2007-2008).[149]

Selon le rapport du *World Economic Forum, The Global Competitiveness Report*[150] (2013–2014), une infrastructure étendue et efficace est essentielle pour assurer le fonctionnement efficace de l'économie, car elle est un facteur important pour déterminer la localisation de l'activité économique et les types d'activités ou de secteurs qui peuvent se développer dans un pays. Une infrastructure bien développée réduit l'effet de la distance entre les régions, en intégrant le marché national et en le reliant à faible coût aux marchés d'autres pays et régions.

En outre, la qualité et l'étendue des réseaux d'infrastructure ont un impact significatif sur la croissance économique et réduisent les inégalités de revenus et la pauvreté de diverses manières. Pour encourager le commerce intra-africain, les pays devront aussi attirer les entreprises privées que ça soit nationales ou étrangères. Le respect de l'état de droit et la mise en œuvre de politiques macroéconomiques claires, cohérentes et prévisibles sont des conditions nécessaires à un environnement commercial plus compétitif[151]. Le continent africain est perçu comme un continent dominé des troubles, de conflits civils et d'instabilité politique. Ce phénomène aussi n'encourage pas les investisseurs et l'absence parfois de politique macroéconomique crédible fait fuir les industriels.

---

[148] PIDA- Programme pour le développement des infrastructures en Afrique. Disponible sur : https://www.afdb.org/fileadmin/uploads/afdb/Documents/Project-and-Operations/PIDA%20note%20French%20for%20web%200208.pdf. Consulté le 15/02/2018.
[149] Disponible sur : https://www.oecd.org/fr/csao/publications/42358527.pdf. Consulté le 15/02/2018.
[150] http://www3.weforum.org/docs/WEF_GlobalCompetitivenessReport_2013-14.pdf. Consulté le 23/11/2018.
[151] Mutume, Gumisai .Stimuler le commerce intra-africain. article disponible sur: http://www.un.org/africarenewal/fr/magazine/septembre-2002/stimuler-le-commerce-intra-africain. Récupéré le 20/11/2017.

Car celui-ci passe très souvent pour être le continent de guerres, des massacres et des exodes dramatiques de populations.[152]

Il faut noter aussi la faiblesse des réseaux de transport et de communication performante représentent un handicap pour le commerce intra-africain. Les infrastructures constituent un élément important de l'amélioration du commerce africain. Avoir des marchés opérationnels, avec les infrastructures de transport, de communication et d'énergie nécessaires permettra d'augmenter la compétitivité du commerce intra-africain.[153]

En effet, la création d'un marché commun en Afrique présente de nombreux avantages. L'intégration rendrait l'industrie plus performante car les grands marchés permettent d'exploiter les économies d'échelle, selon le professeur William A. Amponsah[154] de l'Université d'Etat de la Caroline du Nord. Les mouvements transfrontaliers et l'harmonisation des politiques pourraient stimuler la croissance économique et attirer davantage d'investisseurs.[155] Car pour MUTUME, les accords commerciaux régionaux peuvent aider les pays à tirer parti de leurs avantages comparatifs, renforcer leurs performances industrielles et favoriser leur intégration au sein de l'économie mondiale[156].

Ainsi faut noter le travail très important de quelques chercheurs comme les économistes Paul M. ROMER, BARRO et R. LUCAS, développent de nouveaux modèles de croissance fondés sur l'endogénéité des facteurs de croissance. Les investissements réalisés par les uns bénéficient également aux autres, en raison d'effets d'apprentissage. Plusieurs facteurs de croissance sont

---

[152] CISSE, Losseni. La problématique de l'Etat de droit en Afrique de l'ouest : analyse comparée de la situation de la Côte d'Ivoire, de la Mauritanie, du Libéria et de la Sierra Léone. Droit. Université Paris-Est, 2009. Français.
[153] VENGO, Erik Vekamenako , Analyse des performances commerciales de l'Afrique et de son intégration au commerce international, 2006. https://www.memoireonline.com/07/10/3711/m_Analyse-des-performances-commerciales-de-lAfrique-et-de-son-integration-au-commerce-internat12.html. Consulté le 15/02/2018.
[154] William A. Amponsah, Ph.D., professeur adjoint d'économie, est rédacteur associé sortant de la revue internationale, Agriculture Economics . Il a servi de 1998 à 2002 en tant que co-éditeur de la Review of Agricultural Economics . Amponsah a aussi été pendant deux ans responsables du programme de subventions à l'initiative nationale du département de l'Agriculture des États-Unis dans le domaine des marchés et du commerce, après avoir siégé au comité national pendant trois ans. De 1999 à 2007, il a siégé au Conseil des États-Unis de l'Association internationale des économistes agricoles et à la présidence du Comité sur le statut des Noirs en économie agricole de l'Association de l'agriculture et de l'économie appliquée (AAEA) jusqu'en 2013.
[155]Mutume, Gumisai .**Stimuler le commerce intra-africain**. Article disponible sur : http://www.un.org/africarenewal/fr/magazine/septembre-2002/stimuler-le-commerce-intra-africain. Récupéré le 20/11/2017.
[156] Ibid.

identifiés par ces théories : la connaissance, le capital humain, les biens publics ou les infrastructures publiques. Pour BARRO[157], une augmentation du taux de taxation procure des ressources pour financer des dépenses publiques productives, mais réduit dans le même temps le rendement marginal net du capital privé. Cet arbitrage conduit à un effet de seuil dans la relation taux de taxation-croissance de long terme. Pour promouvoir la croissance, chaque l'Etat devrait alors fournir les infrastructures physiques, intellectuelles et institutionnelles nécessaires au développement des entreprises.

En citant les idées de JIHENE MALEK[158], BARRO, affirmait que le rôle des dépenses d'infrastructures sur la croissance à long terme est souligné par les théories de la croissance endogène. Alors nous pouvons dire que le modèle de BARRO a justifié les effets des dépenses publiques sur la croissance économique où le rôle de l'Etat est la fourniture de services publics en termes d'infrastructures qui contribuent à l'amélioration de la productivité du secteur privé. L'un de ses arguments cruciaux est que les dépenses gouvernementales génèrent des externalités qui induisent des rendements d'échelle croissants. D'après les études de MALEK, le modèle a permis de conclure qu'il y a un impact positif des dépenses publiques sur le taux de croissance d'équilibre. Outre la prise en compte des effets externes, l'Etat a une influence directe sur l'efficacité du secteur privé puisque les investissements publics concourent intuitivement à sa productivité.[159]

Au milieu des années quatre-vingt, PAUL ROMER dans son article[160] "*increasing returns and long run growth*", et R.LUCAS, publie aussi son article "*On the mechanics of economic development*"[161]. Ces deux articles fondent le socle de la "théorie de la croissance endogène", qui cherche à expliquer la croissance par le processus même de l'accumulation, et non par des facteurs exogènes à l'activité économique.

Certains travaux empiriques comme ceux d'ASCHAUER[162], montrent qu'il existe une relation positive entre les dépenses publiques et la croissance. Il a avancé qu'il y a une corrélation entre l'évolution de la productivité globale des facteurs de production et celle du stock de capital public, cité par JIHENE

---

[157] BARRO R.J « **Governement spending in a simple model of endogenous growth** », Journal of Political Economy, (1990): p 103-125.

[158] MALEK, Jihène. Les infrastructures d'innovation et croissance économique en Afrique. 2014.

[159] Ibid.

[160] Romer, P.M.: "Increasing returns and long-run growth", journal of political economy, 1986

[161] Robert E. LUCAS, Jr. ON THE MECHANICS OF ECONOMIC DEVELOPMENT, Journal of Monetary Economics 22 (1988) 3-42. North-Holland

[162] Aschauer, D.A. (1989) Is Public Expenditure Productive? Journal of Monetary Economics, 23, 177-200. https://doi.org/10.1016/0304-3932(89)90047-0.

MALEK in *"Les infrastructures d'innovation et croissance économique en Afrique", 2014*[163]. Un certain nombre de travaux ont permis aussi de faire apparaître un impact positif de l'investissement public sur la croissance comme ceux de BARRO (1991) et de BARRO et SALA-I-MARTIN (1995).[164]

Selon les recherches du Professeur JIHENE MALEK[165], les recherches de BARRO ont porté sur les déterminants favorables à la croissance économique à savoir : «la garantie des droits de propriété et de la règle de droit, un commerce libre tant sur le marché domestique que vis-à-vis du reste du monde, des investissements dans certaines infrastructures publiques (transports et communications), l'éducation et la santé ; autant d'éléments qui permettent d'améliorer l'efficacité des facteurs et d'auto-entretenir la croissance».

BARRO et XAVIER SALA-I-MARTIN[166], ont développé l'idée de convergence à terme des différentes régions d'un pays vers le même niveau de vie affirmait MALEK :

> Une série de travaux et études empiriques ont été effectué par la suite à savoir : - Une étude de la Banque mondiale (1994) concernant le rôle joué par les infrastructures économiques (au niveau des transports, de l'électricité, de l'eau et des communications). Des services incontournables pour faciliter le développement économique, qui est donc conditionné par l'amélioration de la qualité et l'efficacité de ces services. - Les travaux de Hulten (1996) sur un échantillon de pays en développement, mettant l'accent sur la qualité des infrastructures, notamment en matière d'installations électriques, de téléphones, de routes et de chemins de fer (il construit une variable synthétique d'efficacité d'utilisation des infrastructures, à partir de quatre indicateurs de base de qualité des équipements ; cette variable est testée sur un échantillon de 42 pays en développement, s'avère très significative et améliore notablement la qualité des estimations) ; - Et les travaux de Cohen et Causa (2005) en comparant la productivité industrielle d'un échantillon de pays situés à des degrés divers de

---

[163] Article disponible sur : http://www.bsi-economics.org/391-infrastructures-innovation-croissance-economique-afrique. Consulté le 01/12/2017.

[164] MALEK, Jihène. Les infrastructures d'innovation et croissance économique en Afrique. 2014.

[165] Jihene Malek est docteur en sciences économiques, diplômée de la faculté des sciences économiques et de gestion de Tunis. Elle a travaillé comme enseignante, elle est actuellement chercheur et consultante junior. Elle est membre de plusieurs networks internationaux spécialisés dans la promotion de la culture du leadership et de l'éducation civile. Elle est auteur de publications et communications et ses intérêts de recherches portent sur : la politique industrielle des pays en voie de développement, la compétitivité des nations, l'environnement des affaires, les stratégies de développement, l'autonomie économique de la femme et les objectifs universels du millénaire post 2015.

[166] Robert J. Barro and Xavier Sala-i-Martin: Economic growth, (McGraw-Hill, 1995).

développement, arrivent à la même conclusion, en pointant cinq facteurs constitutifs qui représentent un handicap pour les pays les moins productifs qui sont : le capital physique, les infrastructures, le capital humain, le degré d'intégration au commerce international et la productivité résiduelle nette de chaque économie, (Jihène Malek, 2014).

Le Modèle du diamant de l'économiste MICKAEL PORTER[167], explique pourquoi les nations ont tendance à être plus compétitives dans certaines industries que dans d'autres;

> Ce modèle suggère que l'avantage national, qui varie d'une industrie à l'autre, repose sur quatre facteurs interdépendants : des conditions spécifiques sur des facteurs de production dont certains pays bénéficient de facteurs de production particulièrement favorable qui profitent aux entreprises locales sur le terrain de l'international ; La demande locale qui fait référence au niveau de la demande, les exigences, les spécificités des clients locaux qui peuvent devenir une source d'avantage concurrentiel à l'international. La stimulation mutuelle qui est l'existence de pôle industriel interdépendant peut contribuer à la construction d'un avantage concurrentiel. Et en fin, la concurrence entre firmes ; car un niveau de concurrence intense sur le marché domestique peut-être un facteur favorable à la réussite au plan international par exemple recherche d'excellence, esprit compétitif.[168]

Selon JIHENE MALEK (2014), ce modèle regroupe les axes conditionnant l'efficience de l'environnement des affaires. Elle affirmait que l'un des principaux axes de l'analyse de Porter se focalise sur le rôle joué par les différents types d'infrastructures: l'infrastructure logistique, l'infrastructure de communication, l'infrastructure administrative, l'infrastructure du marché financier et l'infrastructure d'innovation.

Ainsi dans ses recherches, JIHENE MALEK (2014), développait les piliers de l'infrastructure sur un schéma composé de cinq étapes qu'elle définissait comme suit :

> Premièrement, l'infrastructure physique joue un rôle significatif dans la productivité, mais il reste le débat continue concernant l'ampleur de son effet, avancés dans plusieurs travaux et que, la mondialisation et l'augmentation des flux commerciaux ont augmenté la demande de transports et d'infrastructures de communication pour les pays à tous les niveaux de développement - Deuxièmement, un accès efficace en

---

[167] Porter M., (1995). The competitive advantage of the inner city, Harvard Business Review, may, 55-71.
[168] Ibid.

capital est essentiel pour les entreprises qui veulent faire des investissements à long terme et augmenter les niveaux de productivité - Troisièmement, la quantité et la qualité de la formation et de l'enseignement supérieur dans une économie a aussi un impact positif sur les niveaux de prospérité.- Quatrièmement, l'infrastructure scientifique et technologique est importante aussi pour la croissance de la productivité. Dans les économies avancées, elle est devenue la source de nouvelles idées, permettant aux pays d'atteindre la frontière technologique mondiale. -Cinquièmement, l'impact de la lourdeur administrative a récemment fait l'objet de plusieurs études sur la compétitivité. (Jihène Malek, 2014).

Dans ces recherches, MALEK montre que l'environnement institutionnel d'informations scientifiques et économiques est caractérisé par une communication qui nécessite davantage de développement entre ses structures. Et que les pays africains en général ont l'obligation de développer des infrastructures d'innovation afin de promouvoir le développement des phases d'innovation puisque, l'innovation est le facteur essentiel pour déterminer le niveau de compétitivité d'une économie. Donc, elle permet le rattrapage des pays développés par la réduction de la distance par rapport à la frontière technologique mondiale.[169]

Par conséquent, les actions relatives aux développements des infrastructures d'innovation nécessaires pour le continent africain en général et en Afrique de l'Ouest en particulier représentent un défi majeur dans le cadre de la mondialisation. En ce qui concerne les pays de l'Afrique de l'Ouest, il est indispensable d'améliorer davantage la qualité des institutions de recherche, la qualité des systèmes éducatifs, renforcer la collaboration en matière de recherche entre le monde industriel et universitaire, augmenter la disponibilité des scientifiques et des ingénieurs, réduire la fuite des cerveaux vers les pays Occidentaux et augmenter le nombre de brevets en incitant davantage les chercheurs à se diriger vers cette activité selon MALEK. Et pour cela il faut distinguer quelques méthodes de suivi de ces actions à savoir :

- Le développement de la recherche appliquée et fondamentale, qui permettra dans un second temps d'améliorer les capacités d'innovation des entreprises locales. - Le renforcement de la coordination des instituts de sciences et de technologie dans le but de développer les activités industrielles. - L'encouragement de la mobilité des

---

[169] MALEK, Jihène. Les infrastructures d'innovation et croissance économique en Afrique. 2014.

chercheurs entre les centres de recherche et les entreprises de production afin de renforcer la recherche appliquée. -La mise en place d'incitations en faveur de l'amélioration de l'environnement des affaires pour favoriser la création d'entreprises capables de renforcer le partenariat entre le secteur de la recherche et les entreprises industrielles. - La création d'unités de recherche industrielle propres aux technologies, (Jihène Malek, 2014).

La mise en place d'infrastructures est avant toute une responsabilité d'intérêt public, bien qu'il existe des opportunités d'engager le secteur privé dans des investissements. Et c'est dès lors que le public va s'associer avec le privé pour former un Partenariat Public Privé (PPP). Le faible pourcentage de routes pavées et d'infrastructures en bon état sont un obstacle aux opérations commerciales et économiques et ralentissent les possibilités d'une intégration plus rapide. Cet état non optimal de l'infrastructure routière augmente aussi les risques pour les affaires et les marchés, les délais, les coûts et fait obstacle à la compétitivité. L'approche des partenariats public-privé (PPP) en matière de prestations de services d'infrastructure est radicalement différente de celle du système traditionnel des marchés publics. Les PPP associent à la fois la force du secteur public dans son mandat de fourniture de services et dans son rôle de régulateur et de coordinateur des fonctions publiques à celle du secteur privé dont la priorité est avant tout la rentabilité, donc l'efficacité commerciale[170].

Les partenariats du secteur public privé sont apparus au cours de décennie passée, comme l'un des meilleurs moyens de favoriser le développement , du fait de l'insuffisance des investissements, de la pression croissante qui exerce sur le budget de l' Etat et d'une préoccupation générale et relative au services fournies par des entreprises et organismes étatique. Les partenariats publics privés se sont développés, pour l'essentiel, dans les infrastructures économiques physiques telles que l'énergie électrique, les transports, les télécommunications, l'eau et l'assainissement. C'est dans ce sens que le Consortium pour les infrastructures en Afrique (ICA) contribue à l'amélioration des conditions de vie et du bien-être des populations africaines en encourageant le développement des infrastructures en Afrique et en soutenant la promotion des investissements nécessaires, tant de sources publiques que privées.[171]

---

[170] DELMON, Jeffrey. Programmes de Partenariats Public-Privé : Créer un Cadre pour les Investissements du Secteur privé dans les Infrastructures .2014 Disponible sur : http://documents.worldbank.org/curated/en/470811468196195127/pdf/106538-FRENCH-WP-P145650-PUBLIC-see-email-for-abstract.pdf. Consulté le 15/02/2018.
[171] http://www.cridem.org/media/documents/ppp-fiche-111.pdf. Consulté le 15/02/2018.

En ce qui concerne l'énergie, les recherches effectuées par le Programme de Développement des Infrastructures en Afrique (PIDA)[172] , estime qu'environ la moitié des 1,2 milliards de personnes vivant en Afrique n'a pas accès à l'électricité. Ceci représente une contrainte majeure pour le développement économique de l'Afrique, alors que l'accès universel à des sources énergétiques fiables, modernes et durables peut dynamiser la croissance à travers tout le continent. Mais ce défi peut ce défi énergétique auquel fait face l'Afrique peut être surmonté. Puisque les ressources énergétiques du continent sont suffisantes pour répondre à ses besoins, et il existe un nombre sans fin d'opportunités qui permettraient de développer des énergies propres, renouvelables. L'exploitation de ces ressources nécessitera de plus grands investissements dans le secteur, à l'échelle nationale et régionale, en plus d'un engagement politique appuyé par des politiques et cadres réglementaires renforcés. Le travail remarquable de l'ICA dans ce domaine, encourage l'investissement dans le secteur énergétique africain par la simplification des échanges, la proposition de formations pour améliorer les compétences du secteur public et faciliter la participation du secteur privé, le soutien à la collaboration et au partage d'informations.[173] La volonté de parvenir à plus d'efficacité et de meilleurs services, ainsi que le volume limité de ressources publiques disponibles pour financer de tels services, amènent de plus en plus les gouvernements à améliorer leur approche de partenariat public privé. S'ils veulent susciter d'avantage de partenariat public privé en Afrique, les états doivent améliorer le climat des affaires. Car faut noter que de sérieuses contraintes existent actuellement dans de nombreux pays, en particulier en Afrique de l'Ouest. Elles tiennent à l'inadéquation du cadre juridique et réglementaire des partenariats publics privés, a l'absence de compétence technique a même de gérer les programmes et projets de partenariat public privé, a la perception défavorable du risque des pays chez les investisseurs, au poids de limiter l'Afrique dans les échanges commerciaux et l'investissement au plan mondial, à la taille réduite du marché, aux infrastructures insuffisantes et aux marchés financiers limités[174].

La banque africaine de développement (BAD), encourage les pays africaines a ce doté du cadre juridique et réglementaire adapté aux partenariats publics privés, et à faciliter la mise en place des réseaux et le partage d'expérience entre les agences de régulation et d'autres organisations

---

[172] https://www.icafrica.org/fr/topics-programmes/energy/. Consulté le 25/11/2018.
[173] https://www.icafrica.org/fr/topics-programmes/energy/. Consulté le 25/11/2017.
[174] http://www.cridem.org/media/documents/ppp-fiche-111.pdf. Consulté le 15/02/2018.

apparentées[175], (BAD- Rapport sur le développement en Afrique, 2011). Les départements des Operations du secteur privé est un acteur clé, en tant que critère et conseil des pays membres régionaux en matière d'appui aux partenariats publics privés dans les secteurs prioritaires, dans les infrastructures de base notamment, telle que les transports et la production énergétique, essentiel au développement économique de l'Afrique, mais également les industries, les services et l'agroalimentaire, afin de consolider la sécurité alimentaire sur le continent.

Le partenariat public privé est de plus en plus perçu en Afrique comme un mécanisme institutionnel performent permettant de concevoir, construire, financer et aussi exploiter des infrastructures mise en place jusqu' ici par le secteur public. Il est encore rare de trouvé des gouvernements africaines qui encouragent le secteur privé à intervenir dans le cadre d'une politique globale de développement des infrastructures, ce qui permettrait d' évaluer les contrats de privatisation, de concession, de performance axées sur les résultats et d'autres formes de partenariat public privé en temps qu' options potentielles, par rapport aux prestations classiques misent en œuvre par le secteur public.[176]

Contre tenu du niveau de la demande potentielle d'investissement et de taux de croissance remarquable enregistré récemment par un certains nombres de pays ouest africains l'on pourrait conclure qu'il est peu probable que le faible niveau de la demande d'infrastructures explique celui relativement faible des investissements privés en Afrique de l'Ouest, par rapport à d'autres régions en développement du monde. De même la croissance affichée par certains secteurs à travers le continent est un indicateur, la capacité et la volonté des citoyens d'assurer le coup d'une infrastructure de qualité dans certains secteurs ne saurait constituer une entrave. C'est du côté de l'offre des investissements privés que doivent s'opère les actions requises, y compris l'élimination des obstacles à la mobilisation du secteur privé[177], (BAD- Rapport sur le développement en Afrique, 2013).

---

[175]https://www.afdb.org/fileadmin/uploads/afdb/Documents/Publications/Rapport%20sur%20 le%20d%C3%A9veloppement%20en%20Afrique%202011%20-%20Chapitre%208- Le%20r%C3%B4le%20de%20la%20Banque%20africaine%20de%20d%C3%A9veloppemen t%20dans%20le%20d%C3%A9veloppement%20du%20secteur%20priv%C3%A9.pdf. Consulté le 15/02/2018.

[176] www.cridem.org. Consulté le 15/02/2018.

[177] Document disponible sur : https://www.afdb.org/fileadmin/uploads/afdb/Documents/Publications/SEN- Rap_final__Integ_R%C3%A9g_FR.pdf. Consulté le 15/02/2018.

Pour le Professeur Nasser KEITA[178] (2016), Directeur du Laboratoire de Recherche Économique et Conseils (LAB-REC), afin d'être crédible, tout projet visant à renforcer l'infrastructure en Afrique, doit reposer sur une évaluation approfondie de la manière dont les ressources budgétaires sont allouées et financées. Comme, dans chaque scénario plausible, le secteur public détient la part du lion pour le financement de l'infrastructure et que la participation du secteur privé reste limitée, l'un des principaux objectifs d'une telle évaluation est d'identifier où et comment optimiser ou même augmenter les ressources financières, sans compromettre la stabilité macroéconomique et budgétaire. Les enjeux sont importants car l'ampleur des besoins en infrastructure de l'Afrique se prête dans les mêmes proportions à une mauvaise utilisation des rares ressources. Une participation accrue du secteur privé au développement des infrastructures commandera au gouvernement et aux bailleurs de fond qui les appuient d'adopter de nouvelles philosophies et de nouveaux comportements. Dans nombre de pays d'Afrique sub-sahariens, sont confronté à la faiblesse de leur processus et de leur capacité institutionnelle, il ne s'agit pas non plus de sous-estimer les implications de la gestion du processus relativement complexe des partenariats public privés. Au nombre des préalables à la réussite d'un programme de partenariat public privé figure l'existence d'un cadre stratégique précis d'un système juridique qui garantit l'effectivité et le caractère exécutoire de contrat, d'un plan d'investissement à long terme, et d'un cadre opérationnel au sein du gouvernement en vue d'assurer la gestion efficace du processus, toutes choses qui nécessitent un engagement politique ferme, de la transparence, et la stabilité à long terme[179].

Les partenariats public-privé (PPP) sont d'importants outils que les gouvernements peuvent utiliser pour développer et améliorer les infrastructures et autres services sociaux fournis à leurs populations. Ils peuvent à ce titre stimuler la croissance économique et le développement et lutter contre la pauvreté. Nombre de gouvernements se tournent vers ces partenariats public-privé (PPP) dans l'espoir de voir le secteur privé financer l'infrastructure publique et les services publics, sauvagement touchés par la crise financière.[180]

---

[178] Nasser KEITA, PhD Directeur du Laboratoire de Recherche Économique et Conseils (LAB-REC) Lire l'article complet sur : http://guinee7.com/2016/12/13/de-la-question-du-financement-des-infrastructures-energetiques-en-afrique-par-dr-nasser-keita/#CxbfZM55YxZAyTqo.99, Consulté le 16/02/2018.

[179] www.afdb.org›sommaire›themes et secteurs› secteurs› secteurs privé› domaines prioritaires. Consulté le 25/11/2017.
www.icafrica.org sommaire› thèmes et programmes. Consulté le 25/11/2017.

[180] Document rédigé par David Hall David Hall est le fondateur de la PSIRU (Unité de recherche internationale sur les services publics) au sein de l'Université de Greenwich, qu'il a dirigée de 2000 à 2013. Il exerce à présent en qualité de professeur invité à l'université. Il est

D'après des études de la WORLD BANK GROUP, les PPP ont été utilisés dans les pays développés dans de nombreux secteurs et sont de plus en plus souvent envisagés pour compenser l'absence d'infrastructures appropriées dans les pays en développement. Mais les PPP ne peuvent remplir ce rôle que s'ils représentent de manière appropriée les intérêts des deux parties, à savoir ceux d'une administration désirant développer et améliorer les services fournis à la collectivité de manière durable et au juste prix, et ceux des investisseurs privés désirant obtenir un retour raisonnable sur leur investissement pour les risques qu'ils doivent assumer. Pour établir des PPP fructueux, les responsables doivent faire preuve de prévoyance et de clairvoyance lorsqu'ils décident de la place que le programme de PPP doit assumer dans le développement global de leur pays. La préparation et la gestion des projets de PPP nécessitent du temps, des ressources et des compétences particulières.[181] Les partenariats entre les secteurs public et privé peuvent contribuer de manière appréciable à l'amélioration des conditions de vie des citoyens et de la compétitivité de l'économie.[182]

Pour TERAVANINTHORN & RABALLAND, si l'Afrique a un déficit d'infrastructure, la solution consiste à combler ce déficit en investissant dans les infrastructures comme par exemple la construction de nouvelles routes, de centrales électriques et de canaux d'irrigation[183]. Ces deux auteurs proposent aussi une autre solution qui consiste à identifier les causes du déficit infrastructurel en Afrique et à y répondre directement. Ils soutiennent que si le problème est une politique ou des défaillances institutionnelles qui empêchent

---

l'auteur de nombreux rapports et articles sur l'économie et la politique dans le domaine des services publics, de la finance publique et de la privatisation, notamment des rapports sur l'eau, l'énergie, la gestion des déchets et la santé. Il a participé à nombre de rencontres organisées aux quatre coins du globe par l'ISP, des syndicats, des mouvements sociaux et ses interventions ont été sollicitées à l'occasion de nombreuses conférences et ateliers universitaires. Avant de diriger la PSIRU, David a travaillé pendant 25 ans dans le secteur de la recherche et de l'enseignement au sein d'universités, d'instituts de recherche et d'unités de recherche syndicale.

[181] WORLD BANK GROUP, public-private partnership in infrastructure resource center. Disponible sur : https://ppp.worldbank.org/public-private-partnership/fran%C3%A7ais/%C3%A0-propos-des-ppp/avantages-et-risques-des-pppenseignements-tir%C3%A9s-des-exp%C3%A9riences/avantages- Consulté le 16/02/2018.

[182] L'environnement et les opportunités d'investissements privés en mode Partenariats Public Privé en Afrique Olivier Fremond, Conseiller du Département Partenariats Public-Privé de la Banque mondiale. Pour plus de lecture le cours est disponible sur : https://pt.coursera.org/learn/partenariats-public-prive. Consulté le 16/02/2018.

[183] TERAVANINTHORN, Supee; RABALLAND, Gaël. 2009. **Transport Prices and Costs in Africa : A Review of the International Corridors**. Directions in Development; Infrastructure. Washington, DC : World Bank. © World Bank. https://openknowledge.worldbank.org/handle/10986/6610 License: CC BY 3.0 IGO.

les infrastructures d'être productives (tarifs d'électricité irrationnels, réglementation insuffisante, opérations inadéquates et maintenance médiocre), la simple construction de nouvelles infrastructures sans résoudre ces problèmes n'améliorera pas la situation. D'après les recherches de TERAVANINTHORN & RABALLAND, l'Afrique aura toujours un déficit d'infrastructure - mais avec une dette plus élevée.[184]

L'absence d'infrastructure de communication appropriée, la facilitation des échanges commerciaux et sérieusement handicapée, en particulier pour les pays enclavé. Ces derniers sont en fait doublement handicapé à la fois par le mauvais état des routes et par une régulation inefficace de l'industrie des transports routiers, ce qui se traduit par des coûts exorbitants des transports terrestres qui sont bien plus élevés que dans d'autres parties de l'Afrique sub-sahélienne[185]. Le fret aérien est limité du fait que la plupart des aéroports ont une faible capacité. Faut aussi noter le problème qui se pose au niveau des communications téléphoniques et d'internet qui sont d'une mauvaise performance, avec des coûts associés élevés, privent les opérateurs d'opportunités de réduire les coûts de transaction et d'améliorer leurs affaires et la commercialisation.

Les données sur l'utilisation de l'électricité et de l'énergie, sur une base individuelle, mettent en évidence un déficit sérieux par exemple pour l'Afrique de l'Ouest en tant que région. Cette sombre image de l'utilisation de l'énergie en Afrique de l'Ouest et dans d'autres régions du continent est étroitement liée aux capacités très limitées de transformation des produits agricoles qui continuent à souffrir d'une insuffisance énergétique et de coûts élevés de l'énergie dans cette région. La faible consommation d'énergie est une cause et un symptôme du sous-développement de l'Afrique.[186]

L'accès à l'énergie est une composante essentielle du développement économique et social. Il permet le développement individuel à travers l'amélioration des conditions des ménages, des éducatives et sanitaires, le développement de l'activité économique via la mécanisation et la modernisation des communications. L'Afrique dispose d'un potentiel important en énergies fossiles et renouvelables, mais présente des déficits énergétiques criards. Les ressources énergétiques du continent sont sous-exploitées ou exportées sous formes brutes ou encore gaspillées. En conséquence, l'offre disponible est

---

[184] Ibid.
[185] Ibid.
[186] MAGRIN, Géraud, « **L'Afrique sub-saharienne face aux famines énergétiques** », EchoGéo[En ligne], 3 | 2007, mis en ligne le 28 février 2008, . URL : http://journals.openedition.org/echogeo/1976 ; DOI : 10.4000/echogeo.1976. Consulté le 17 février 2018.

largement insuffisante et la consommation d'énergie est largement dominée par la biomasse à l'exception de quelques pays, (Rapport AFREC, 2006)[187].

Une alimentation en courant électrique peu fiable constitue une contrainte très importante et se traduit par des coûts additionnels et une perte de compétitivité pour les pays qui en sont victimes, tels que les pays de l'Afrique de l'Ouest. Dans les pays où la production d'électricité est limitée et où les importations sont importantes, des difficultés dues à cette situation peuvent se présenter en conjonction avec d'autres problèmes tels que la distribution monopolistique avec des prix élevés, (Rapport FAO, 2013), et une très mauvaise qualité de la distribution.

La mise en place et la crédibilité de l'État de droit et le cadre réglementaire formel sont des facteurs majeurs qui déterminent l'environnement des affaires, et leur faiblesse peut constituer un obstacle sérieux à l'investissement et au développement de l'industrie agroalimentaire.

Une étude effectuée par la Banque Mondiale et couvrant plusieurs pays d'Afrique de l'Ouest, a quantifié ces coûts pour les entreprises privées dans plusieurs pays africains. Si l'on ajoute les coûts de la sécurité et la valorisation du temps nécessaire pour importer et exporter, environ cinq à 8 % (source FAO, 2013)[188], des ventes sont perdus en raison des inefficacités mentionnées ci-dessus, ce qui place une contrainte forte sur la compétitivité globale des entreprises.[189]

Selon le rapport de la FAO en 2013, les services de transport entrent pour une part importante dans les coûts de marketing et de commercialisation. L'état actuel des services de transport en Afrique de l'Ouest par exemple constitue un obstacle important à tout nouveau développement et à l'expansion du commerce inter-régional si l'on considère l'immense potentiel non exploité.

En outre, dans cette région, les coûts de transport sont plus élevés que ceux observés dans d'autres régions d'Afrique (fonctionnement du véhicule, permis, assurances, péages, etc.), (source FAO, 2013). Dans le domaine du transport d'une manière générale, on trouve des services de moins bonne qualité à des prix plus élevés, et cela est dû dans une large mesure à la réglementation et aux limites d'accès au marché imposé à l'industrie du transport routier, en plus

---

[187] L'AFREC assure le secrétariat de la CEMA (Conférence des Ministres africains en charge de l'Energie), chargée de coordonner les politiques et stratégies en matière d'énergie électrique en Afrique (décision des Ministres Africains de mars 2006). Disponible sur : http://afrec-energy.org/Fr/energie_africaine.html. Consulté le 17/02/2018.

[188] Document disponible sur : http://www.fao.org/docrep/018/i3222f/i3222f.pdf. Consulté le 04/12/2017

[189] Document disponible sur : http://www.fao.org/docrep/018/i3222f/i3222f.pdf. Consulté le 04/12/2017.

des pratiques de corruption dans les systèmes de partage du fret qui permettent l'utilisation prolongée de flottes de véhicules vieillissants dans presque tous les pays de la région. Parfois , c'est à cause du mauvais état des routes qui sont la cause principale des coûts d'exploitation élevés, d'une consommation plus élevée de carburant, et de coûts d'entretien supérieurs, ainsi que de la réduction de la durée de vie des véhicules.[190]

Faut aussi signaler un autre problème majeur qui est à l'origine des coûts de transport trop élevés en raison de l'influence des cartels de camionneurs (arrangements informel pour le partage du marché) et des réglementations existantes (créées par les bureaux d'affrètement et les conseils de chargeurs), et de l'absence de concurrence de la part d'autres moyens de transport comme le transport ferroviaire, (source FAO, 2013).

Parmi les leviers clés permettant d'améliorer la productivité des cultures alimentaires de base, il y'a les incitations et les mesures politiques qui encouragent une plus grande utilisation des intrants par les agriculteurs.

D'après la FAO, dans son Rapport de 2013, l'accent doit être mis sur l'encouragement des initiatives privées et les systèmes basés sur le marché, alors que les agences publiques peuvent jouer un important rôle direct dans la recherche et le développement dans le domaine des semences ainsi qu'en agissant comme un catalyseur pour la production et la distribution de semences commerciales réalisées par le secteur privé. Toujours dans le rapport de la FAO soutient que, les phases initiales du développement du marché des intrants, le secteur public peut aussi diminuer le coût des intrants pour les producteurs en subventionnant des achats en grande quantité auprès du secteur privé et en offrant des incitations fiscales pour les réseaux et les distributeurs privés d'intrants.

Ainsi une autre mission critique du secteur public selon la FAO, c'est d'assurer les contrôles de qualité sur les engrais et les semences. Le problème majeur que rencontrent les agriculteurs est que les subventions directes proposées par le Gouvernement pour les engrais ou les semences ont rarement fonctionné, ne sont pas durables, sont sujette à des fuites (en particulier la contrebande Transfrontalière) et ont très peu d'impact si ce n'est une augmentation temporaire de la production, (Rapport FAO, 2013)

Alors il semble que les subventions directes aux intrants ont pour résultat de décourager l'émergence d'un système de fourniture viable et privée d'intrants

---

[190] Teravaninthorn, Supee; Raballand, Gaël. 2009. Transport Prices and Costs in Africa: A Review of the International Corridors. Directions in Development; Infrastructure. Washington, DC: World Bank. © World Bank. https://openknowledge.worldbank.org/handle/10986/6610 License: CC BY 3.0 IGO.

aux producteurs. Par exemple, le Nigéria a expérimenté un programme de subventions des engrais pour ensuite l'abandonner car difficile à mettre en œuvre, sujet à des fuites, et inefficace. Il y'a, cependant, des expériences réussies avec des subventions ciblées utilisées ailleurs en Afrique (Rwanda, Malawi) qui peuvent être reproduites en Afrique de l'Ouest. [191]

Cependant, le fait de proposer des crédits pour augmenter l'utilisation des intrants présente beaucoup d'avantages, parmi lesquels l'un des plus importants est la flexibilités qu'il offre aux producteurs dans le choix d'une gestion optimisée des engrais pour leur situation en fonction de leurs systèmes de production ainsi que du niveau de fertilité des sols, (L'Organisation des nations unies pour l'alimentation et l'agriculture et Le Fonds international de développement agricole, Rome 2013).

Selon L'Organisation des nations unies pour l'alimentation et l'agriculture et Le Fonds international de développement agricole, l'augmentation de l'utilisation des intrants n'est que la première étape pour améliorer la productivité. Et que cette dernière exige également un meilleur accès aux technologies et équipements appropriés par les petits agriculteurs et les petites et moyennes entreprises, (FAO et FIDA, Rome 2013).

Ainsi, cela nécessite diverses interventions et mesures de soutien y compris l'octroi de crédits subventionnés et des investissements pour l'acquisition des moyens de production visés ; il faut également résoudre les contraintes foncières qui bloquent les possibilités d'investissement des petits producteurs et productrices et limitent leur accès au crédit. Un meilleur accès aux intrants, équipements et technologies auquel s'ajoute une formation en techniques de production et en gestion (par le biais des centres de formation, écoles champs pour les agriculteurs) sont nécessaires pour améliorer le revenu unitaire du travail. Ces mesures doivent être intégrées dans le cadre de stratégies sectorielles de développement, (L'Organisation des nations unies pour l'alimentation et l'agriculture et Le Fonds international de développement agricole, Rome 2013).

D'après l'Organisation des nations unies pour l'alimentation et l'agriculture et Le Fonds international de développement agricole, l'accès à la finance pour les producteurs travaillant à petite échelle et les opérateurs des chaînes de valeur est la pierre angulaire pour une chaîne de valeur fonctionnant correctement et une garantie pour un développement agricole continu. Et en ce qui concerne la majorité des petits producteurs, le crédit pour les cultures vivrières est souvent inaccessible, ou offert avec des taux d'intérêt trop élevés.

---

[191] Document disponible sur : http://www.fao.org/docrep/018/i3222f/i3222f.pdf. Consulté le 04/12/2017.

Alors la solution est la suppression des contraintes en matière de crédit et de financement reste un immense défi pour le développement des chaînes agroalimentaires.

Les principes de Kampala[192] constituent des lignes directrices utiles pour la recherche de solutions. Certains des principes applicables visent à : mettre en œuvre une législation pour supprimer les barrières au financement des opérations agricoles telles que les récépissés d'entrepôts, la production agricole sous contrat, et le soutien à l'émergence d'institutions financières locales viable ; développer les marchés financiers pour supporter la capacité accrue des institutions financières à prêter et à satisfaire la demande du marché ; renforcer les organisations d'agriculteurs de manière à ce que l'extrémité (côté production) des chaînes de valeurs agricoles devienne un élément influent de la définition des politiques de financement de l'agriculture ; améliorer les connaissances financières et la formation au commerce agricole, en incluant les femmes et les jeunes ; et assurer durablement un flux d'information sur les marchés, les prix à la production, les coûts des intrants et les coûts et les conditions du financement et du crédit.[193]

Des solutions innovantes sont nécessaires pour les cultures alimentaires de base et devraient inclure le secteur public ou des partenariats public-privé. Certains modèles financiers qui sont utilisés avec un certain succès pour les cultures commerciales ou d'exportation pourraient également être expérimentés avec les cultures de produits de base.

Comme il ressort du présent rapport, les moyens de mise en œuvre des objectifs de développement durablement sont financiers et techniques. Ils comprennent notamment les ressources financières internes et externes, l'éducation et le renforcement des capacités, l'intégration régionale, l'accès au commerce et aux marchés, le développement et le transfert de technologies écologiques, la bonne gouvernance et l'efficacité institutionnelle, et la coopération Sud-Sud. Car l'inclusion financière peut-être la clé du développement pour le secteur agricole, mais aussi peut stimuler le commerce intra-régional et international de l'Afrique de l'Ouest et du continent en général.[194]

Dans le quatrième chapitre qui suit, l'étude conduira à s'interroger sur les relations entre l'OMC et le mécanisme des blocs régionaux de l'Afrique de

---

[192] Source: www.mfw4a.org. Consulté le 04/12/2017.
[193] Ibid.
[194] Rapport régional de l'Afrique sur les objectifs de développement durable, 2015. Disponible sur :
https://www.uneca.org/sites/default/files/uploadeddocuments/SDG/africa_regional_report_on _the_sustainable_development_goals_summary_fr.pdf. onsulté le 17/02/2018.

l'Ouest. Ensuite, analyser les échanges commerciaux entre l'Afrique de l'Ouest et le Mercosur en ce jour.

IV- L'OMC ET LES BLOCS REGIONAUX DE L'AFRIQUE DE L'OUEST

Avec un marché potentiel de plus d'un milliard, la place de l'Afrique en tant que fournisseur de matières premières pour le reste du monde a donc connu très peu de changement depuis l'époque de la colonisation. Ainsi ces matières premières représentent la majeure partie des exportations africaines vers le reste du monde, les deux autres grandes catégories étant le textile et les produits agricoles[195]. Pour PUTZHAMMER[196], l'Afrique possède pourtant un important potentiel commercial en sa faveur. La majorité des pays du continent sont riches en ressources naturelles, telles que diamants, cuivre, or, minerai de fer, pétrole etc. Mais la bonne gestion de ces richesses s'avère souvent difficile et constitue un véritable défi pour les pays africains souvent plongés dans des conflits civils à cause de cette malédiction des ressources naturelles.

En effet, avec la création de l'Organisation Mondiale du Commerce (OMC) et la mondialisation de l'économie ont rendu nécessaire la mise en place, pour tous les pays du monde, d'une politique de la concurrence favorisant la rivalité entre les opérateurs économiques. Les pays en développement, et notamment les pays de l'Afrique de l'Ouest, s'efforcent, ensemble, à instaurer une telle discipline de marché pour être de la partie en ce XXIème siècle. Mais ce pendant y'a beaucoup de défi à relever pour les pays africains concernant leur intégration sur le marché national et international.[197]

En fait, l'OMC étant la première institution économique mondiale à avoir le pouvoir juridique de faire appliquer ses accords[198], devrait sans doute garantir un espace harmonieux d'échanges commerciaux pour obtenir un marché disputable et concurrentiel dans tous les secteurs et dans tous les pays membres de l'OMC.

---

[195] PUTZHAMMER, Fritz. Évaluer l'impact des accords méga-régionaux pour l'Afrique.2016. Document disponible sur :http://endacacid.org/latest/index.php?option=com_content&view=article&id=1568:evaluer-l-impact-des-accords-mega-regionaux-pour-l-afrique&catid=275&Itemid=1563. Consulté le 16/02/2018.
[196] PUTZHAMMER, Fritz, Chef de projet à temps partiel pour le projet Global Economic Dynamics (GED) de la Fondation Bertelsmann. Ulrich Schoof, Responsable de l'équipe Global Economic Dynamics (GED) au sein de la Fondation Bertelsmann
[197] NGOM, Mbissane. « Intégration régionale et politique de la concurrence dans l'espace CEDEAO », Revue internationale de droit économique, vol. t.xxv, no. 3, 2011, pp. 333-349.
[198] Mutume, Gumisai .Stimuler le commerce intra-africain. Article disponible sur : http://www.un.org/africarenewal/fr/magazine/septembre-2002/stimuler-le-commerce-intra-africain. Récupéré le 20/11/2017.

1 L'OMC et le mécanisme des blocs régionaux de l'Afrique de l'Ouest

L'objectif principal de l'OMC - promouvoir l'harmonie, la liberté, l'équité et la prévisibilité du commerce, d'améliorer le bien-être des personnes sur la planète et de collaborer à la réduction des obstacles au libre-échange avec les producteurs de biens et de services, avec des exportateurs et des importateurs, en vue de l'avancement de leurs activités - Traité de l'OMC[199]. Alors avec l'OMC se veut ainsi éliminer les obstacles pour permettre l'accès au marché mondial à tous les pays membres en vue de les permettre d'accéder au développement économique et social.

Pour cela, l'OMC :

> "S'acquitte de cette mission en administrant les accords commerciaux: servant de cadre aux négociations commerciales, réglant les différends commerciaux, examinant les politiques commerciales nationales, aidant les pays en développement dans le domaine de la politique commerciale par le biais de l'assistance technique et des programmes de formation, coopérant avec d'autres organisations internationales."[200] Traité de l'OMC.

Face à la mondialisation, l'Etat doit faciliter la formation, la mobilité et mettre en place des politiques sociales adéquates pour ainsi permettre le développement et l'éradication de la pauvreté dans la société africaine.

Les blocs économiques[201] sont des associations créées entre pays pour établir des relations économiques entre eux. Ils ont émergé du reflet de la concurrence constante des économies toujours en quête de croissance. De plus, c'est un mouvement de plus en plus commun sur le marché mondial pour résister au rythme rapide des pays. Cette union se produit en raison des intérêts mutuels et de la possibilité de croissance du groupe. Cette croissance est apparue parce qu'il est vite devenu évident que, aussi forte soit-elle, elle ne pouvait concurrencer sur un pied d'égalité avec des groupes d'économies unis les uns aux autres.

La courbe de l'économiste MILANOVIC,[202] est un exemple pertinent sur la mondialisation car il montre comment la distribution globale des revenus a

---

[199]www.wto.org/french. Consulté le 19/11/2017.
[200]Ibid. Consulté le 19/11/2017.
[201]http://blocos-economicos.info/.Consulté le 19/11/2017.
[202]Branko Milanovic est l'économiste en chef du Département de la recherche de la Banque mondiale et professeur d'économie à l'Université Johns Hopkins

changé de 1988 à 2008, non pas par pays mais en fonction du statut initial de chaque individu.

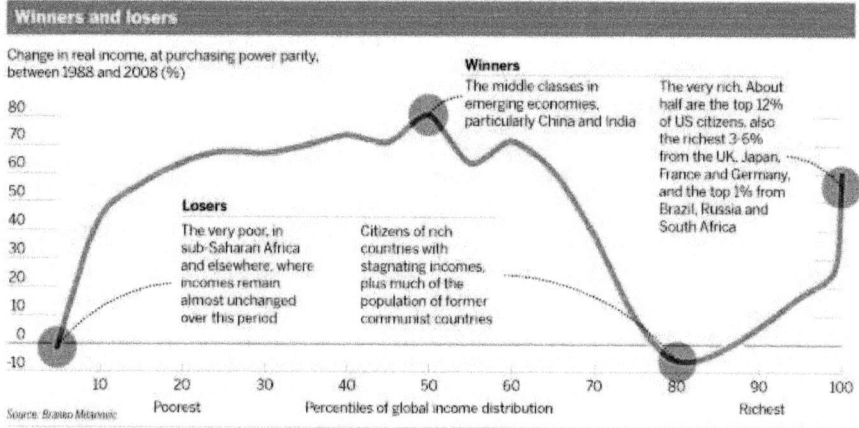

Winners and losers

Change in real income, at purchasing power parity, between 1988 and 2008 (%)

Winners

The middle classes in emerging economies, particularly China and India

The very rich. About half are the top 12% of US citizens, also the richest 3-6% from the UK, Japan, France and Germany, and the top 1% from Brazil, Russia and South Africa

Losers

The very poor, in sub-Saharan Africa and elsewhere, where incomes remain almost unchanged over this period

Citizens of rich countries with stagnating incomes, plus much of the population of former communist countries

Source: Branko Milanovic

Poorest   Percentiles of global income distribution   Richest

Dans cette courbe il est bien visible d'analyser que les 20% les plus pauvres ne gagnaient pas autant, mais ceux du milieu, essentiellement des travailleurs indiens et chinois, ont été ceux qui ont le plus gagné durant cette période. La classe moyenne des pays riches n'a rien gagné aussi, mais ceux qui sont plus riches dans les pays développés ont aussi beaucoup gagné.[204] Donc, il faut savoir que l'idée de la mondialisation à travers la connaissance, transférée des pays riches à un certain nombre de pays pauvres a permis d'autres pays qui n'étaient pas des pays industrialisés à devenir rapidement des pays industrialisés comme le cas des nouveaux pays dites émergents.

> Pour MILANOVIC, la mondialisation est bien si ce n'est la clé, du moins une clé importante pour comprendre ces évolutions : nous avons voulu favoriser les échanges économiques et augmenter notre pouvoir d'achat, et pour cela nous avons fait fabriquer nombre de nos produits dans des pays plus pauvres où la main d'œuvre était moins chère, tirant ainsi parti des inégalités entre pays. Cela a dégradé l'emploi chez nous mais nous avons pu disposer d'habits ou de téléphones bon marché ; quant aux travailleurs des pays auparavant pauvres, ils finissent par s'enrichir et par voir leur pouvoir d'achat augmenter. Ce sont les « gagnants » de la mondialisation, alors que les couches populaires des pays riches en sont clairement les perdantes.

---

[203]http://www.cultivatingleadership.co.nz/uncategorized/2016/06/brexit-and-trumphalism-explained-in-one-elephant-of-a-graph.Conaulté le 19/11/2017.
[204] Milanovic, Branko, Global Inequality. A New Approach for the Age of Globalization, Cambridge, Harvard University Press, 2016, 320 p., ISBN: 9780674737136.

Si, comme spécialiste de la pauvreté, l'auteur se réjouit que tant de personnes pauvres aient pu sortir de la pauvreté, il est loin de prendre un parti tranché sur le caractère positif ou non de la mondialisation.[205]

Le Rapport sur le Commerce mondial 2014 publié par l'OMC[206], souligne que :

> L'essor des chaînes de valeur est l'une des principales caractéristiques de l'économie mondiale actuelle, plus ouverte et plus intégrée. De même que la baisse rapide des coûts de transport au XIXe siècle avait entraîné le « premier dégroupage » de la mondialisation, avec la séparation géographique des usines et des consommateurs, la nouvelle vague de technologies intégrantes (conteneurisation, fret aérien, télécommunications, informatique) conduit actuellement, selon Richard Baldwin, au « deuxième dégroupage », en permettant de réaliser la plupart des opérations de fabrication en des lieux différents (BALDWIN, 2011).

Richard BALDWIN dans son article, explique comment les chaînes d'approvisionnement mondiales transforment le monde[207]. D'après le résumé de Richard Baldwin :

---

[205] Marie Duru-Bellat, « Branko Milanovic, Global Inequality. A New Approach for the Age of Globalization », Lectures [En ligne], Les comptes rendus, 2017, mis en ligne le 01 février 2017, consulté le 05 février 2018. URL :http://journals.openedition.org/lectures/22236. Consulté le 07/02/2018.

[206] Le Rapport sur le commerce mondial 2014 examine quatre grandes tendances qui ont modifié la relation entre le commerce et le développement depuis le début du millénaire: l'essor des économies en développement, l'intégration croissante de la production mondiale à travers les chaînes d'approvisionnement, la hausse des prix des produits agricoles et des ressources naturelles et l'interdépendance grandissante de l'économie mondiale. De nombreux pays en développement ont connu une croissance sans précédent et se sont intégrés de plus en plus dans l'économie mondiale, ouvrant ainsi des perspectives aux pays qui ont encore du retard. Il subsiste cependant d'importants obstacles.

L'intégration dans les chaînes de valeur mondiales peut faciliter l'industrialisation des pays en développement. L'accès à des tâches à plus forte valeur ajoutée dans ces chaînes d'approvisionnement peut stimuler leur croissance. Mais ces pays risquent ainsi de perdre leur avantage compétitif, sans compter que la progression dans les chaînes de valeur peut être difficile. La hausse des prix des produits agricoles et des ressources naturelles a permis à certains pays en développement d'enregistrer une forte croissance, mais elle peut aussi mettre sous pression les importateurs nets de ces produits.

L'interdépendance grandissante de l'économie mondiale permet aux pays de bénéficier plus rapidement de la croissance des autres régions du monde. Mais elle peut aussi être source de difficultés car les crises peuvent se propager rapidement d'un pays à l'autre. De nombreux pays en développement ont encore un long chemin à parcourir pour parvenir à relever les défis de leur développement. Le système commercial multilatéral donne à ces pays, notamment aux moins avancés d'entre eux, des possibilités uniques de le faire. De nouveaux progrès dans le cadre du programme de l'après-Bali seraient donc importants pour que le commerce serve plus efficacement le développement.

Le basculement dont fait l'objet le commerce international : entre le 20e et le 21e siècle, on est passé d'un commerce qui, essentiellement, vendait des biens à un commerce qui consiste à les fabriquer (en des endroits différents, mondialisation oblige). Ce phénomène est formalisé par l'expression "chaînes de valeur mondiales". On parle également de chaînes d'approvisionnement mondial ou encore de réseaux de production internationaux. Une nouvelle réalité économique, à l'échelle mondiale et pas toujours perceptible, qui s'impose comme le modèle de fonctionnement dominant des échanges mondiaux.[208]

Selon BALDWIN, si le nouveau président américain introduisait des droits de douane de 40% sur les importations en provenance de la Chine, comme il l'a promis lors de sa campagne électorale, une telle mesure frapperait la compétitivité des Etats-Unis et réduirait sa propre capacité d'exporter. Les Américains sont des grands exportateurs, mais pour cela, ils doivent importer beaucoup. Par exemple, les Etats-Unis exportent des voitures à des prix concurrentiels parce qu'ils s'approvisionnent en pièces détachées à bas prix en Chine et en Inde. C'est ainsi que fonctionne la chaîne d'approvisionnement globalisée. En imposant des droits de douane élevés, Donald TRUMP peut provoquer le retour d'un certain nombre d'entreprises qui avaient délocalisé pour réduire les coûts salariaux. Mais celles-ci ne fourniront pas d'emplois à ses partisans; la production sera assurée par des robots.[209]

En effet, face à la mondialisation, l'Afrique va commencer à connaitre ou à entretenir de nouvelles relations avec ses voisins du sud notamment l'Asie, l'Amérique du sud ou encore les pays du golf qui ont su imposer leurs poids dans le commerce international grâce au rebondissement et à l'émergence de leurs économies.

Alors avec ces nouveaux partenaires commerciaux de l'Afrique, il est important de signaler que le plus important est la Chine, car sa présence en Afrique suscite de l'espoir dans beaucoup de pays africains. Mais aussi il est important de bien étudier cette montée en puissance de la Chine dans le continent car il peut ne pas être différent à celle du colonisateur. La

---

[207] BALDWIN, Richard. Trade And Industrialisation After Globalisation's 2nd Unbundling: How Building And Joining A Supply Chain Are Different And Why It Matters. NBER Working Paper No. 17716. Issued in December 2011, Revised in January 2013.
[208]http://iledefrance-international.fr/actualites/les-chaines-de-valeur-mondiales-nouveau-modele-du-commerce-international. Consulté le 20/11/2017.
[209] Lire plus sur: https://www.letemps.ch/economie/richard-baldwin-inevitablement-mondialisation-va-saccelerer. Consulté le 20/11/2017.

mondialisation est devenue l'arme principale de la montée en puissance de toutes ces nouvelles économies émergentes[210].

Selon le Dr DIEYE[211] :

> C'est pour ces raisons que la montée en puissance de la Chine sur le continent africain est au centre de grands enjeux politiques, économiques et sociaux. Face aux mutations nombreuses et multiformes qu'elle engendre, les pays africains doivent se doter d'outils analytiques rigoureux pour suivre et décrypter ces mutations afin de mettre en place les stratégies les plus appropriées pour que leurs décisions soient conformes à leurs intérêts à court, moyen et long terme. Malheureusement, une telle vision n'est pas encore la chose la mieux partagée sur le continent africain.[212]

C'est dans ce sens que le livre *"Globalização : como dar certo"* traduit en portugais de Joseph STIGLITZ, montre l'opposition croissante des pays en développement et des pays émergents de la mondialisation, critiquant sévèrement le FMI et ses diverses institutions.

> Les partisans de la libéralisation des échanges estiment qu'elle apportera une prospérité sans précédent. Ils veulent que les pays développés s'ouvrent aux exportations des pays en développement, libéralisent leurs marchés, suppriment les obstacles créés par les hommes à la circulation des biens et des services et laissent la mondialisation faire ses merveilles. Mais la libéralisation du commerce fait également partie des aspects les plus controversés de la mondialisation: de nombreux critiques estiment que ses coûts - baisse des salaires, hausse du chômage, perte de souveraineté nationale - l'emportent sur les avantages présumés d'une efficacité accrue et d'une croissance accrue[213].

---

[210] DIEYE, Cheikh Tidiane. « L'Afrique et le chevauchement des accords régionaux », Revue Interventions économiques [En ligne], 55 | 2016, mis en ligne le 29 juin 2016, URL : http://journals.openedition.org/interventionseconomiques/2815. Consulté le 28 février 2018.

[211]Cheikh Tidiane DIEYE est Titulaire d'une Maîtrise en Socio-anthropologie du développement à l'Université Gaston Berger de Saint Louis, au Sénégal ; d'un DES en Etudes du Développement à l'Institut universitaire d'études du développement (IUED) de Genève et d'un Doctorat en Etudes du Développement à l'Institut des Hautes Etudes Internationales et du Développement de Genève

[212] DIEYE, Cheikh Tidiane. « L'Afrique et le chevauchement des accords régionaux », Revue Interventions économiques [En ligne], 55 | 2016, mis en ligne le 29 juin 2016,. URL : http://journals.openedition.org/interventionseconomiques/2815. Consulté le 28 février 2018.

[213] STIGLITZ ,JOSEPH E, Globalização: como dar certo. Edição brasileira, 2007.p.138.

D'après STIGLITZ, les gouvernements des pays développés n'ont pas beaucoup fait pour que leurs bénéfices soient plus équitablement partagés entre les pays, et ont plutôt préféré une restructuration du marché qui a creusé les inégalités et nui à toute l'économie. La croissance a ralenti, alors que les règles ont été réécrites dans l'intérêt des banques et des entreprises, les riches et les puissants au détriment du reste de la population qui vit encore dans la pauvreté.

STIGLITZ explique que "même si les accords commerciaux étaient libres et équitables, tous les pays n'en bénéficieraient pas - ou du moins n'en bénéficieraient guère - Même si les barrières commerciales sont renversées de manière symétrique, toutes ne sont pas également en mesure de saisir les nouvelles opportunités."[214] Les pays industrialisés ont une facilité de saisir de manière très rapide les opportunités offertes par l'ouverture des marchés dans les pays en développement alors ceux en développement n'ont pas cette facilité.

Mais pour LOI PHAN, dans son analyse du modèle ricardien pour montrer, à partir de celui-ci, que tous les pays sont gagnants qui participent à l'échange[215]. Et cette idée de LOI PHAN vient contredire l'idée de STIGLITZ. Mais ce qui ne fait pas les résultats de plusieurs recherches car les pays pauvres sont les plus perdants dans cette mondialisation comme le prouve la courbe de l'économiste MILANOVIC.

Les périodes de prospérité et de croissance de l'économie vont toujours de pair avec celles de la libéralisation et d'expansion des échanges internationaux. Ceci ne signifie pourtant pas que tous les pays, notamment parmi les plus ouverts au commerce international, ont définitivement choisi le libre-échange intégral.[216] Sans doute pour LOI PHAN, la libéralisation progressive des échanges grâce aux réductions tarifaires obtenues à la suite des négociations multilatérales dans le cadre du GATT est encore limitée en 1991 aux produits manufacturés.

Le Rapport du CEPII[217] montre qu'entre les pays du Sud, les différences se sont aussi creusées : tandis que certains régressaient, d'autres connaissaient une croissance plus rapide qu'au cours des décennies précédentes. Pour l'expliquer, les institutions internationales ont tendance à mettre au premier plan la qualité des politiques économiques suivies.

Toutefois, avec la naissance de l'OMC, plusieurs pays se sont regroupés pour former des blocs régionaux pour mieux garantir l'intégration et le

---

[214] Ibid.p.139.

[215] LOI PHAN, Duc. L'économie mondiale: entre le libre-échange et le protectionnisme.1993, p.24.

[216] Ibid.p.24.

[217] CEPII Economie mondiale 1990-2000: l'impératif de croissance. Rapport du CEPII, en Collaboration avec l'équipe MImosa de l'OFCE. 1992, p.277

développement de leur économie á travers le commerce international. Mais il faut noter qu'il y'a d'énormes difficultés "pour la mise en œuvre de l'agenda d'intégration dans la sous- région",[218] même si la multiplication des blocs régionaux se dessinent.

Le Dr DIEYE suscite nettement ce problème dans son article en soutenant que:

> Le continent africain est marqué par la multiplicité des blocs d'intégration. La plupart des États africains sont membre de plusieurs communautés d'intégration qui se chevauchent. La coexistence de ces communautés qui ne partagent pas toujours la même trajectoire institutionnelle, les mêmes objectifs économiques et la même cohérence juridique et politique est le plus souvent source d'incohérence et de difficultés dans la mise en œuvre de l'agenda de l'intégration au sein des régions. (DIEYE, 2016).

DIEYE explique clairement que ces communautés d'intégration en Afrique, sont confrontées à plusieurs problèmes au niveau de leurs institutions politiques et économiques qui ne partagent pas la même trajectoire parfois sont sources d'incohérence et de difficultés dans la mise en œuvre de véritable politique économique de l'intégration régionale.

Malgré tous ces obstacles que rencontrent les pays africains pour développer les échanges commerciaux entre les régions, l'engagement des pays africains dans les accords commerciaux sont plus a contesté. Et selon le Dr. DIEYE, "certaines de ces raisons découlent d'initiatives autonomes et objectives qui se fondent sur la conviction, désormais largement répandue en Afrique, selon laquelle le commerce peut, sous certaines conditions, jouer un rôle positif dans la création de richesses et la lutte contre la pauvreté."[219]

En gros, avec tous les efforts que fournissent les pays africains et en particulier ceux de l'Afrique de l'Ouest pour assurer une bonne intégration régionale, ils sont bien conscients des difficultés au niveau de développement des infrastructures, une industrie quasi inexistante et des faiblesses dans le système de la gouvernance économique globale. Par conséquent, ils sont souvent soumis à des recommandation ou conditionnalités proposées ou même imposées par les pays industrialisés.

---

[218] DIEYE, Cheikh Tidiane. « L'Afrique et le chevauchement des accords régionaux », Revue Interventions économiques [En ligne], 55 | 2016, mis en ligne le 29 juin 2016, URL : http://journals.openedition.org/interventionseconomiques/2815. Consulté le 28 février 2018.
[219] Ibid.

Gumisai MUTUM dans son article publié dans le journal *"Afrique Relance, ONU", (Avril 2002),* affirmait qu' : "il est difficile, voire impossible, pour les pays en développement de rattraper ces grandes entreprises, une fois qu'ils ont pris du retard"[220]. Car l'inexistence d'industries dans la majorité des pays de l'Afrique de l'Ouest représente un grand handicap pour le développement de l'économie dans la sous-région. Même si :

> Les gouvernements africains ont de plus en plus tendance à favoriser le secteur privé et sont vivement encouragés dans cette voie par la Banque mondiale et le Fonds monétaire international (FMI). Mais leurs industries sont rarement capables de rivaliser avec les grandes entreprises des pays industrialisés qui dominent le marché des services. D'après le rapport des pays en développement précédemment cité, 80 % des exportations de services dans le monde proviennent des pays industrialisés, qui ne représentent pourtant que 10 % des membres de l'OMC. Leurs multinationales disposent d'une assise financière très importante, des toutes dernières technologies et d'une infrastructure mondiale. (MUTUME, 2002)

Selon le rapport de la CNUCED que MUTUME aborde dans son article, est que :

> D'après la CNUCED, les multinationales dominent même des secteurs comme le tourisme, où les pays africains ont pourtant des atouts. Les quatre grands voyagistes -- Thompson, Airtours, First Choice et Thomas Cook - détiennent 80 % du marché mondial du tourisme. En outre, des études effectuées par cet organisme des Nations Unies ont montré que bon nombre de pays africains ne disposent pas des conditions nécessaires à l'instauration de secteurs de services concurrentiels : ressources humaines, technologie, infrastructure de télécommunications, réglementations favorables à la concurrence, appui des pouvoirs publics aux sociétés de services et stratégies nationales d'exportation de services.[221]

Les difficultés que le continent africain en général rencontre au niveau de l'OMC sont visibles presque dans tous les secteurs de développement économique et social du continent ce qui explique certes sa faible participation dans les échanges internationaux.

Dès lors, il s'agit de mettre en place un nouvel ordre économique international fondé sur l'équité et la justice, dans un cadre de dialogue entre le

---

[220] Mutume, Gumisai .Stimuler le commerce intra-africain. Article disponible sur : http://www.un.org/africarenewal/fr/magazine/septembre-2002/stimuler-le-commerce-intra-africain. Récupéré le 20/11/2017.
[221] Ibid.

Nord et le Sud. Mais, corrélativement, les relations entre les pays en développement devront être renforcées, notamment par la stratégie d'intégration économique. Et "cette stratégie est appelée à promouvoir l'autonomie collective des pays en développement en les amenant à compter d'abord sur leurs propres forces. La recommandation a été maintes fois renouvelée par la suite avec un argument de poids: l'impact de la crise (récession, inflation, chômage) a très sensiblement réduit les possibilités d'aide de la part des pays développés".[222] L'une des solutions proposées par les professionnels du développement est l'adoption par les pays africains de mesures de facilitation des échanges en vue de réduire les coûts du commerce et d'améliorer la compétitivité.

À la Conférence ministérielle de Bali en 2013, les Membres de l'OMC ont conclu les négociations sur un accord historique, l'Accord sur la facilitation des échanges (AFE), qui est entré en vigueur le 22 février 2017, suite à sa ratification par les deux tiers des Membres de l'OMC[223]. Cet accord vise essentiellement à réduire les coûts commerciaux. Il représente une avancée majeure pour les pourparlers commerciaux multilatéraux, alors que le Programme de développement de Doha a perdu de son élan depuis son lancement en 2001.

Dans une interview réalisée par la revue Passerelles le 03 novembre 2017, François Xavier NGARAMBE, Ambassadeur et Représentant permanent de la République du Rwanda auprès de l'Office des Nations unies à Genève, actuellement coordinateur du groupe africain à l'OMC, revenait sur les discutions du Cycle de Doha. Il soutient que le lancement du Cycle de Doha de l'Organisation mondiale du commerce en 2001 pour les pays en développement, également appelé Programme de Doha pour le développement, avait suscité le grand espoir que les règles multilatérales du commerce pourraient être modernisées pour mieux s'adapter à leurs besoins et priorités spécifiques.[224] Il cite : « Nous continuerons à faire des efforts positifs pour que les pays en développement, et en particulier les moins avancés d'entre eux, s'assurent une part de la croissance du commerce mondial qui corresponde aux besoins de leur développement économique », indique la déclaration ministérielle adoptée à Doha.

---

[222] DOUKA ALASSANE, Mahamidou, Le rôle des acteurs sous-régionaux dans l'intégration économique et politique: l'étude de cas de la CEDEAO, 2006. Mémoire disponible sur : https://www.memoireonline.com/10/07/625/m_role-acteurs-sous-regionaux-integration-eco-politique-cedeao1.html. Récupéré le 29/01/2018.
[223] www.wto.org/french/tratop_f/tradfa_f/tradfa_f.htm. Consulté le 20/11/2017.
[224] Discussion sur les enjeux des négociations de l'OMC pour l'Afrique avec François Xavier Ngarambe, Ambassadeur du Rwanda. Document disponible sur : http://endacacid.org/latestwebsite/images/publications/passerelles/last/pdf/passerelles_last.pdf . Consulte le 20/11/2017.

Il ajoute que seize ans plus tard, l'espoir a cédé la place à une certaine désillusion. L'impasse prolongée sur les questions centrales du cycle – l'agriculture, l'accès aux marchés pour les produits non agricoles et les services – a conduit, lors de la conférence ministérielle de Nairobi en 2015, à un désaccord entre les membres de l'OMC sur la question de savoir s'il fallait ou non réaffirmer le mandat de Doha, anéantissant toute perspective réaliste de conclure ce « cycle du développement » sous sa forme originale.[225]

Mais faut noter que l'AFE, vient stimuler le commerce intra régional pour ainsi assurer un développement du secteur dans un futur proche. Cet accord contient des dispositions qui visent à accélérer la circulation, la main levée et le dédouanement des marchandises, notamment lorsqu'elles sont en transit, (DUBE, et KANYIMBO, 2017)

Pourtant, même si la facilitation des échanges, au sens de l'AFE, soit nécessaire pour développer le commerce intra-africain, elle n'est en aucune manière suffisante pour réaliser les objectifs d'intégration de l'Afrique. D'après les analyses de DUBE et KANYIMBO, l'insuffisance des infrastructures au niveau de l'énergie, les technologies de l'information et de la communication, les routes, etc., et les contraintes du côté de l'offre, associées aux faibles niveaux de diversification économique, de productivité et d'investissement et à un secteur des services très en retard et insuffisamment réglementé, constituent des défis fondamentaux pour l'intégration régionale.[226]

Il est bien possible pour l'Afrique en particulier, que la réalisation d'objectifs d'intégration ambitieux passe par une vision plus complète du concept de facilitation des échanges, allant au-delà de la définition étroite de l'AFE, qui ne concerne que la libéralisation des échanges au moyen de mesures facilitant le transit et le passage des frontières[227]. Une définition plus large englobe notamment le développement des infrastructures physiques, les politiques « appliquées après la frontières » qui affectent le commerce, les politiques qui régulent le marché des services fondamentaux (et notamment celles qui affectent la structure du marché et la tarification du fret routier et maritime), le commerce des services et le financement du commerce[228]. D'un point de vue plus large, il existe donc de nombreuses manières pour la

---

[225] Interview disponible sur :https://www.ictsd.org/bridges-news/passerelles/news/discussion-sur-les-enjeux-des-n%C3%A9gociations-de-l%E2%80%99omc-pour-l%E2%80%99afrique. Consulté le 20/11/2017.
[226] DUBE, Memory, KANYIMBO, Patrick .Faire de la facilitation des échanges un moteur du programme d'intégration régionale de l'Afrique .30 May 2017. Article disponible sur : https://www.ictsd.org/bridges-news/passerelles/news/faire-de-la-facilitation-des-%C3%A9changes-un-moteur-du-programme-d. Consulté 20/11/2017.
[227] Ibid.
[228] Ibid.

facilitation des échanges de contribuer à résoudre certaines des difficultés auxquelles est confrontée l'intégration régionale du continent.[229]

Plusieurs études se sont développées au cours de ces dernières années pour étudier les avantages que pouvait apporter l'AFE. Ainsi une étude réalisée par l'OMC en 2015 affirme que les pays les moins avancés (PMA), qui se situent en majorité en Afrique, enregistreraient une augmentation de 35 pourcent de leurs exportations grâce à l'AFE si celui-ci était appliqué de manière exhaustive selon DUBE et KANYIMBO. Elle ajoute que "l'AFE pourrait stimuler la croissance économique des pays en développement en augmentant leurs exportations de 3,5 pourcent par an, leur production économique de 0,9 pourcent par an, tout en élargissant et en diversifiant leur panier d'exportations de près de 20 pourcent"[230]. Sachant que l'Afrique se compose uniquement de pays en développement et de PMA, ces estimations laissent à penser que le continent pourrait tirer des avantages positifs de la mise en œuvre de l'AFE. Car les échanges intra-africains comportent une part plus importante de produits qui sont davantage sensibles aux coûts de transport et aux délais aux frontières, il est raisonnable de penser que l'AFE pourrait plus particulièrement contribuer à stimuler le commerce intra-africain dans les années à venir selon les études de DUBE & KANYIMBO.

Des simulations réalisées par la Commission économique pour l'Afrique des Nations unies montrent que la mise en place de la Zone de libre-échange continentale accompagnée de mesures de facilitation des échanges permettrait de multiplier par deux la part du commerce intra-africain dans le total des échanges commerciaux du continent, d'environ 12 pourcent en 2012 à 22 pourcent d'ici 2022, contre seulement 15,5 pourcent dans un scénario sans mesures de facilitation des Échange.[231]

DUBE et KANYIMBO dans leurs recherches, proposent trois solutions pour réussir à stimuler l'intégration régionale, premièrement, en "*mettant l'accent sur une approche régionale*"[232]. Selon les deux auteurs, c'est dans un cadre régional que la mise en œuvre des mesures de facilitation des échanges est

---

[229] Ibid.
[230] OMC, *Rapport 2015 sur le commerce mondial*, Genève, 2015.
[231] Simon Mevel et Stephen Karingi, « Deepening Regional Integration in Africa : A Computable General Equilibrium Assessment of the Establishment of a Continental Free Trade Area followed by a Continental Customs Union », document présenté à la 7ème Conférence économique africaine, 2012.
[232] DUBE, Memory, KANYIMBO, Patrick .Faire de la facilitation des échanges un moteur du programme d'intégration régionale de l'Afrique .30 May 2017. Article disponible sur : https://www.ictsd.org/bridges-news/passerelles/news/faire-de-la-facilitation-des-%C3%A9changes-un-moteur-du-programme-d. Consulté 20/11/2017.

la plus efficace, car ces mesures ont besoin d'être harmonisées entre les pays. Et qu'une telle approche régionale nécessite toutefois un renforcement des capacités en termes de ressources humaines, de technologies de l'information et de la communication, et d'autres d'infrastructures, tout en remédiant également aux difficultés de coordination.

En second lieu, ils proposent "*d'exploiter le lien entre infrastructures matérielles et immatérielles*"[233]. Car "les réformes de facilitation des échanges ont généralement des résultats moins visibles et ne sont pas aussi « vendeuses » auprès de l'électorat que les investissements dans des infrastructures physiques (routes, aéroports, voies ferrées, internet à haut débit, systèmes d'irrigation, eau potable, écoles, hôpitaux, etc.)" soutiennent DUBE et KANYIMBO. Elles peuvent donc être difficiles à mettre en œuvre si elles ne sont pas accompagnées par des investissements plus importants et plus tangibles dans les infrastructures physiques. Et en fin développer le "*financement et combler les écarts de mise en œuvre*", tout soulignant que l'Afrique a tendance à accumuler les retards dans la mise en œuvre des engagements en matière d'intégration régionale, les discours n'étant pas toujours suivis d'actions et qu'il semble en être de même dans le cas de l'AFE.[234]

En ce qui concerne les PMEs, le manque de financement est le principal handicap. Car une entreprise, que ça soit petite, moyenne ou grande a toujours besoin de financement pour survivre et se développer. En Afrique de l'Ouest, les entreprises rencontrent d'énormes difficultés pour obtenir des financements de crédit au niveau des banques et ces difficultés pèsent indéniablement sur le développement économique de la sous-région.[235]

Mais ce problème s'explique aussi par l'absence d'informations financières fiables qui constitue un obstacle majeur au financement des PMEs. Car il est difficile pour un banquier d'aller dans un environnement où il n'y a pas d'informations financières fiables, ou encore de transparence[236]. La plus part des PMEs sont dans le secteur informel puisque les conditions et le cadre mis en place par les gouvernements ne sont pas solides. La plupart des entreprises (majoritairement des PME) n'arrive pas à fournir les informations nécessaires à cette analyse décisive.[237]

---

[233] Ibid.
[234] Article disponible sur :https://www.ictsd.org/bridges-news/passerelles/news/faire-de-la-facilitation-des-%C3%A9changes-un-moteur-du-programme-d. Consulté le 20/11/2017.
[235] TOSSOU, T & YOKOSSI. Afrique de l'Ouest: Comment financer les entreprises? -Le 24 janvier 2012. Article disponible sur : http://www.lafriquedesidees.org/comment-financer-les-entreprises-en-afrique-de-louest/. Consulté 20/11/2017.
[236] Ibid.
[237] Ibid.

En général, les gouvernements taxent très fortement les quelques entreprises qui sont dans le secteur formel ce qui complique davantage de résoudre le problème de la régularisation des petites et moyennes entreprises qui sont dans le secteur informel.

Alors qu'avec des conditions facilitant l'entrée comme des impôts quasi-nuls les premières années d'entrée des entreprises dans le secteur formel, et des conditions de financement avantageuses pour les aider à se développer, bien plus d'entreprises deviendraient formelles et ça aurait un effet d'entrainement sur les autres qui voudront se maintenir dans le secteur informel.

Le financement des PME africaines est critique dans la perspective de l'émergence des pays africains. Ce qu'il faut savoir est qu'il est important de distinguer d'abord les PME dites "haut de gamme" et les PME informelles. Il est clair que le secteur formel des banques ne peut pas financer le secteur informel des PME car ils ne partagent pas le même référentiel. Mais, leur impact sur l'accès au financement est loin d'être uniforme car leur existence profite surtout aux PME haut de gamme[238].

Alors, seules les PME formalisées ont accès à ces financements au niveau des banques. Dès lors la question qui se pose est : comment financer le secteur informel ? Faut-il à tout prix formalisé les entreprises informelles pour qu'elles puissent accéder aux financements? Voici quelques questions que les gouvernements des Etats de l'Afrique de l'Ouest doivent exploiter pour espérer résoudre ce problème qui freine le développement des PMEs qui sont dans l'informel et ne peuvent pas accéder au crédit de financement auprès des banques.

Concernant l'aide pour le commerce par exemple dans la zone Afrique de l'Ouest, elle devait permettre de facilité l'ouverture du marché régional et international, la libre circulation des marchandises, des capitaux et des services et la compétitivité des entreprises. Mais selon le professeur Cheikh Tidiane DIEYE :

> L'aide pour le commerce a bénéficié à seulement quelques pays au sein de chaque communauté économique régionale. Or au moment où toutes les communautés régionales évoluent vers une intégration plus poussée de leurs marchés, les programmes d'aide pour le commerce devraient aussi prendre en compte cette réalité pour aider ces dernières à construire les infrastructures économiques que leurs pays membres, individuellement, ne pourraient pas réaliser. Ceci permettrait de gommer les inégalités de traitement entre pays d'une même région, renforcer les complémentarités, faciliter à la fois la spécialisation et

---

[238] Ibid.

les économies d'échelle, et créer des chaines de valeur régionales comme préalable pour s'insérer dans les chaines de valeur globales.[239]

L'aide pour le commerce de l'OMC "vise à mobiliser une aide internationale spécifique, destinée à soutenir l'intégration des pays en développement (PED) ou les pays les moins Avancés (PMA) dans le commerce international"[240] déclarait SARR. Elle devrait contribuer à régler certains problèmes structurels qui entravent l'intégration des PED et des PMA au système commercial multilatéral[241].

Néanmoins, il est important de mettre l'accent sur la manière dont l'aide pour le commerce, à travers la réduction des coûts des échanges, peut offrir de nouvelles possibilités de développement et contribuer à une croissance durable et inclusive dans PED et les PMA[242]. Cette aide devrait servir aux pays africains d'établir des politiques et réglementations commerciales, développer le commerce au niveau du continent, combler le déficit d'infrastructures liées au commerce, améliorer la capacité de production etc. Pour une bonne mise en œuvre efficace, des politiques bien conçues doivent s'appuyer sur des fondations solides, d'où l'importance des études diagnostiques de l'intégration du commerce et des stratégies et plans de développement[243].

Lors de la dixième conférence ministérielle de l'OMC à Nairobi en 2015, les Membres des pays développés se sont engagés à supprimer immédiatement les subventions à l'exportation, sauf pour un petit nombre de produits agricoles, les pays en développement devant le faire d'ici à 2018. Les Membres des pays en développement conserveront la flexibilité leur permettant de couvrir les coûts de commercialisation et de transport pour les exportations de produits agricoles jusqu'à la fin de 2023, tandis que les pays les plus pauvres et importateurs de

---

[239]Dieye, CheikhTidiane, L'aide pour le commerce au défi des impératifs d'intégration régionale en Afrique10 July 2017, Passerelles Volume 18 - Number 5. Consulté le 20/11/2017.
[240] SARR, Mamadou. L'aide pour le commerce peut-elle contribuer à la facilitation du commerce des pays africains ? 30 June 2015 Article disponible sur : https://www.ictsd.org/about-us/mamadou-sarr. Consulté 20/11/2017.
[241]Cet article est publié sous Passerelles, Volume 16 - Numéro 4. Disponible sur : https://www.ictsd.org/bridges-news/passerelles/news/laide-pour-le-commerce-peut-elle-contribuer-%C3%A0-la-facilitation-du. Consulté le 20/11/2017.
[242] SARR, Mamadou. L'aide pour le commerce peut-elle contribuer à la facilitation du commerce des pays africains ? 30 June 2015 Article disponible sur : https://www.ictsd.org/about-us/mamadou-sarr. Consulté 20/11/2017.
[243] Ibid.

produits alimentaires bénéficient d'un délai additionnel pour réduire les subventions à l'exportation[244].

Pendant de nombreuses décennies, les pays riches ont distribué des subventions à l'exportation sur un large éventail de produits agricoles, qui ont fini par être déversés sur les marchés internationaux, faisant ainsi baisser leur prix au niveau mondial[245]. Donc, ces importations subventionnées bon marché ont eu un impact négatif sur de nombreux produits de base en Afrique, entraînant la faillite de nombreux agriculteurs, la perte d'emplois ruraux et une réduction de la production intérieure. La décision prise à Nairobi d'éliminer les subventions à l'exportation est donc une bonne décision de principe[246] déclarait NGARAMBE.

La décision contient des disciplines visant à faire en sorte que d'autres politiques à l'exportation ne puissent pas être utilisées de façon à constituer une forme déguisée de subventions. Ces disciplines incluent des modalités qui limitent les avantages découlant du soutien au financement en faveur des exportateurs de produits agricoles, des règles relatives aux entreprises d'État faisant le commerce de produits agricoles, et des disciplines visant à faire en sorte que l'aide alimentaire n'affecte pas de manière négative la production nationale. Les pays en développement bénéficient d'un délai supplémentaire pour mettre en œuvre ces règles, (MINISTERIAL CONFERENCE, 10TH, NAIROBI, 2015).

François Xavier NGARAMBE[247]ambassadeur et Représentant permanent de la République du Rwanda auprès de l'Office des Nations unies à Genève, affirmait ceci :

> Néanmoins, cette décision sera certainement utile à l'avenir pour
> empêcher la résurgence de telles politiques. C'est la raison pour
> laquelle il est important de faire de cette décision ministérielle un

---

[244]https://www.wto.org/french/news_f/news15_f/mc10_19dec15_f.htm. Consulté le 20/11/2017.

[245]Article publié sur : https://www.ictsd.org/bridges-news/passerelles/news/discussion-sur-les-enjeux-des-n%C3%A9gociations-de-l%E2%80%99omc-pour-l%E2%80%99afrique. Consulté le 30/01/2018.

[246] NGARAMBE, François Xavier. Discussion sur les enjeux des négociations de l'OMC pour l'Afrique avec François Xavier Ngarambe, Ambassadeur du Rwanda 15 November 2017. Article disponible sur : https://www.ictsd.org/bridges-news/passerelles/news/discussion-sur-les-enjeux-des-n%C3%A9gociations-de-l%E2%80%99omc-pour-l%E2%80%99afrique. Consulté le 21/11/2017.

[247]François Xavier Ngarambe, Ambassadeur et Représentant permanent de la République du Rwanda auprès de l'Office des Nations unies à Genève, actuellement coordinateur du groupe africain à l'OMC.

> instrument ayant force obligatoire qui soit soumis au processus de règlement des différends.
>
> Les autres décisions de Nairobi se rapportant, par exemple, à la mise en œuvre de la dérogation sur les services ou aux règles d'origine préférentielles n'ont pas de retombées économiques immédiates pour les pays les moins avancés (PMA) en raison des difficultés structurelles de ces pays et des contraintes de capacité qui pèsent sur l'offre. Sur le coton, la décision relative à l'accès aux marchés pour certains produits issus du coton a été considérée comme une avancée. Il reste toutefois nécessaire de réaliser une analyse de l'accès aux marchés reposant sur des données commerciales fiables pour pouvoir procéder à une évaluation en bonne et due forme, (Interview réalisée par la revue Passerelles le 03 novembre 2017).

Pour l'ambassadeur NGARAMBE l'aspect négatif du paquet de Nairobi est le rejet des mandats de Doha, tel que formulé dans le paragraphe 30 de la Déclaration de Nairobi : "Nous reconnaissons que de nombreux Membres réaffirment le Programme de Doha pour le développement [...] D'autres membres ne réaffirment pas les mandats de Doha... ".[248]

Ainsi François Xavier NGARAMBE dans son interview affirmait que, "ce désaccord constitue un revers majeur dans la poursuite de résultats axés sur le développement lancée en 2001 dans le cadre du Cycle de développement de Doha. Ce cycle avait suscité de nombreux espoirs en promettant de générer davantage de bénéfices économiques pour les pays en développement et les PMA, mais les pays développés n'ont pas répondu à ces attentes, jusqu'à cette décision brutale de nier les mandats de Doha."[249]

Il est bien dommage de voir les pays développés tourner le dos au cycle de Doha car les PMA ainsi que les pays en développement avaient beaucoup d'espoir de voir en fin leurs économies décollées.

Dorénavant, l'Afrique se focalise maintenant sur une liste de priorités jugées importantes pour stimuler le commerce dans le continent et mieux s'intégrer dans le commerce international.

> Les priorités du groupe africain sont dûment expliquées dans la Déclaration des ministres du commerce de l'Union africaine et exprimées dans le cadre de toutes les réunions du Conseil général de

---

[248] NGARAMBE, François Xavier. Discussion sur les enjeux des négociations de l'OMC pour l'Afrique avec François Xavier Ngarambe, Ambassadeur du Rwanda 15 November 2017. Article disponible sur : https://www.ictsd.org/bridges-news/passerelles/news/discussion-sur-les-enjeux-des-n%C3%A9gociations-de-l%E2%80%99omc-pour-l%E2%80%99afrique. Consulté le 21/11/2017.
[249] Ibid.

l'OMC et des autres organes concernés de l'organisation. La liste de nos priorités est la suivante : (a) suppression des subventions à l'agriculture qui ont des effets préjudiciables, (b) résultat ambitieux sur le coton, (c) solution permanente pour les stocks publics à des fins de sécurité alimentaire, (d) mesure de sauvegarde spéciale (MSS) en tant qu'instrument politique permettant de protéger les agriculteurs africains des importations bon marché et des augmentations soudaines des importations, (e) résultat ambitieux sur les subventions à la pêche, et enfin (f) un résultat sur des dispositions de traitement spécial et différencié créant un environnement international propice à l'industrialisation de l'Afrique. L'obtention de résultats sur ces questions créerait un environnement international plus favorable à l'augmentation de la productivité, à l'établissement de liens entre secteurs et au développement durable en Afrique.[250]

L'Afrique se fixe comme objectif le développement durable avec une nouvelle vision de développés ses infrastructures afin de promouvoir une industrialisation durable de son économie qui souffre durant des décennies. Cette vision du développement de l'Afrique propre au continent, mette l'accent sur l'industrialisation, la transformation structurelle et la diversification économique. Car l'Afrique mise plus pour son développement avec le secteur de l'agriculture, qui joue un rôle essentiel dans l'économie africaine en matière d'emploi, de produit national brut, de développement rural, de sécurité alimentaire et de subsistance de la population. Mais c'est vraiment dommage que parfois les accords de l'OMC n'encouragent pas l'industrialisation des économies africaines.[251]

L'article 20 de l'Article sur l'agriculture prévoit des négociations en vue de parvenir à un système commercial équitable et fondé sur le marché dans le domaine de l'agriculture, mais cet objectif de longue date n'est pas encore atteint.

La position de l'Afrique dans les négociations sur l'agriculture vise à éliminer toutes les subventions qui ont des effets de distorsion des échanges, en ciblant notamment la Mesure globale du soutien MGS, à obtenir des disciplines claires sur le subventionnement par produit pour éviter la concentration des subventions sur certains produits, et à régler également la question du soutien de catégorie verte afin d'éviter les transferts entre catégorie.[252]

[250]Document disponible sur :https://www.ictsd.org/bridges-news/passerelles/news/discussion-sur-les-enjeux-des-n%C3%A9gociations-de-l%E2%80%99omc-pour-l%E2%80%99afrique . Consulté le 20/11/2017.

[252] Discussion sur les enjeux des négociations de l'OMC pour l'Afrique avec François Xavier Ngarambe, Ambassadeur du Rwanda. Document disponible sur :

Figure 1 : Décaissements d'aide pour le commerce, 2006-2015
(en millions $US constants 2015)[253]

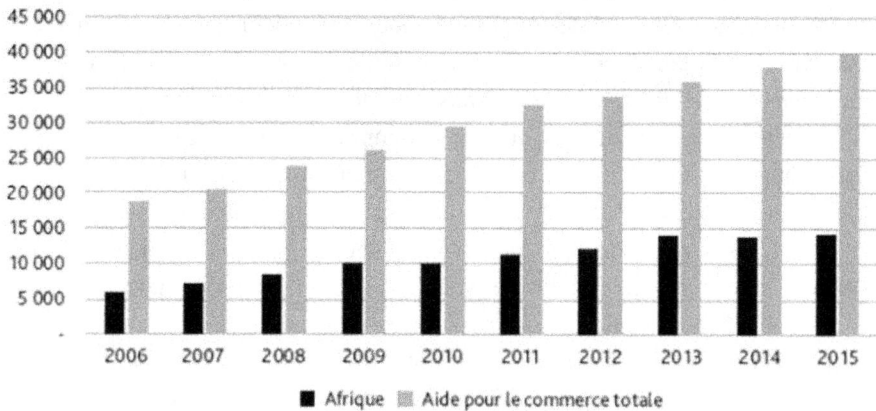

Source: Base de données du Système de notification des pays créanciers de l'OCDE

Selon les auteurs Lily SOMMER[254], Heini SUOMINEN, David LUKE, "en 2015, les décaissements d'aide pour le commerce en faveur des pays africains ont atteint la somme record de 14,1 milliards $US, ce qui représente une augmentation de plus de 150 pourcent depuis 2006"[255]. Depuis le lancement de l'initiative aide pour le commerce, l'Afrique (avec l'Asie) est l'une des destinations clés de l'APC, sa part des décaissements mondiaux fluctuant entre 30 et 40 pourcent. L'APC représente donc un vecteur significatif et croissant d'aide pour les pays africains, comme le montre la Figure 1.

---

http://endacacid.org/latestwebsite/images/publications/passerelles/last/pdf/passerelles_last.pdf . Consulte le 20/11/2017.

[253] http://endacacid.org/latest/index.php?

[254] *Lily Sommer,* Spécialiste de politique commerciale, Centre africain pour la politique commerciale, Commission économique des Nations Unies pour l'Afrique. *Heini Suominen,* Économiste, Centre africain pour la politique commerciale, Commission économique des Nations Unies pour l'Afrique. *David Luke,* Coordinateur, Centre africain pour la politique commerciale, Commission économique des Nations Unies pour l'Afrique.

[254] LOROT, Pascal, La géoéconomie, nouvelle grammaire des rivalités internationales (12/31/07)

[255] Tous les chiffres sont en US$ constants (2015). Les données relatives à l'aide publique au développement et à l'APC ont été extraites de la Base de données du Système de notation des pays créanciers de l'OCDE, consultée en mai 2017. Une description plus détaillée des tendances figurera dans le rapport régional préparé par la Commission économique pour l'Afrique (en collaboration avec l'OMC) pour le Sixième examen global de l'aide pour le commerce.

D'après Mamadou SARR, Chef du Bureau économique de l'Ambassade du Sénégal à Beijing, même si l'Afrique est encore en retard pour s'affirmer au niveau international, elle a toute les chances pour être leader dans le commerce mondial vu l'importance potentielle des ressources naturelles, gisements de minerais, terres agricoles fertiles, etc. Mais c'est toujours les mêmes problèmes qui reviennent à savoir, des problèmes économiques et institutionnels, des barrières physiques générant des coûts commerciaux excessifs, l'infrastructure matérielle en déficit.[256] Alors il faut noter la faiblesse des infrastructures routières et des infrastructures ferroviaires au niveau des Etats quasi inexistantes, ainsi que le déficit de vols régionaux, sont des facteurs qui entravent les échanges intra-africains.[257]

La plus part des pays africains ou encore ceux d'Afrique de l'Ouest n'ont pas comme priorité le commerce dans leurs plans et stratégies de développement, ils ont tendance à octroyer au commerce une place secondaire. Or, il convient d'avoir une vision plus large du commerce comme un élément clé du développement durable[258], et d'assurer une véritable intégration du commerce dans la stratégie de développement de chaque pays que ça soit en Afrique de l'Ouest ou dans le reste du continent.[259] Par conséquent, faudrait-il favoriser d'avantage la coopération Sud-Sud qui pourrait également apporter une réponse aux préoccupations des pays africains en matière de développement et de modernisation des infrastructures, a l'exemple de la coopération chinoise avec l'Afrique dans le domaine des infrastructures? Pour l'Historien et sociologue, chargé d'étude au CETRI (Centre tricontinental), Louvain-la Neuve, DELCOURT[260], cette vision de la coopération entre la Chine et l'Afrique, s'explique que l'essentiel de l'aide (70% environ) se concentre dans des projets d'infrastructure : infrastructures routières et portuaires, chemin de fer, énergie et télécommunication, etc.

Les principaux partenaires techniques et financiers doivent orienter l'aide vers des programmes visant à stimuler la facilitation des échanges, le commerce international, l'investissement et la croissance économique, notamment dans les

---

[256] SARR, Mamadou. L'aide pour le commerce peut-elle contribuer à la facilitation du commerce des pays africains ? 30 June 2015 Article disponible sur : https://www.ictsd.org/about-us/mamadou-sarr. Consulté 20/11/2017.
[257] Ibid.
[258]Pour plus de détails consulté le site de l'OMC :https://www.wto.org/french/res_f/publications_f/brochure_rio_20_f.pdf. Consulté le 07/02/2018.
[259] Ibid.
[260] DELCOURT, Laurent. La Chine en Afrique : enjeux et perspectives. Alternatives sud, vol. 18-2011 /7.

domaines des infrastructures et de l'énergie, mais aussi dans les programmes et projets régionaux ou transfrontaliers.[261]

2 Les relations commerciales entre l'Afrique de l'ouest et le Mercosur: étude de cas du Brésil

À un niveau plus global, l'ouverture des frontières et la libéralisation des échanges ont favorisé l'apparition de firmes multinationales dotées de stratégies véritablement planétaires. De leur côté, les États se sont engagés aux côtés de leurs entreprises nationales dans des politiques de conquête de marchés extérieurs et de prise de contrôle de secteurs d'activité considérés comme stratégiques.[262]

De fait, la santé économique d'une nation est l'aune à laquelle on juge désormais sa puissance. Dans ce monde en train de devenir global, les intérêts politiques des nations se soumettent à leurs intérêts économiques. C'est ainsi que la géoéconomie a engendré la mondialisation[263]. Il s'agit de l'avènement d'un nouvel ordre international où l'arme économique remplace l'arme militaire comme instrument au service des États dans leur volonté de puissance et d'affirmation sur la scène internationale. En d'autres termes, la théorie de la géoéconomie se base sur la richesse.

C'est dans cette dynamique que l'Afrique émerge comme un continent dans un processus dynamique de transformation politique, économique et sociale, avec son potentiel de ressources naturelles, elle peut ainsi s'imposer dans le commerce international comme le fut la plus part des pays émergents tels que le Brésil, la Chine ou encore l'Inde.

Ce pendant "l'Afrique est une terre de contrastes tant du point de vue géographique, historique que culturel, sociopolitique ou économique".[264] C'est dans ce sens que FERREIRA MIGON & DOS SANTOS expliquent que:

> La phrase de l'africaniste Philippe Hugon cherche à synthétiser toute la complexité de l'espace africain au-dessous du désert du Sahara. Ancien; est signalé comme le berceau de l'humanité, précisément

---

[261] SARR, Mamadou. L'aide pour le commerce peut-elle contribuer à la facilitation du commerce des pays africains ? 30 June 2015 Article disponible sur : https://www.ictsd.org/about-us/mamadou-sarr. Consulté 20/11/2017.

[262] LOROT, Pascal, La géoéconomie, nouvelle grammaire des rivalités internationales .2007

[263]LOROT, Pascal, La géoéconomie, nouvelle grammaire des rivalités internationales. (12/31/07).

[264] Hugon Philippe, L'économie de l'Afrique. La Découverte, « Repères », 2009, 128 pages. ISBN : 9782707159670. URL : https://www.cairn.info/l-economie-de-l-afrique--9782707159670.htm

parce qu'il abrite la preuve la plus ancienne de la présence de l'homme moderne sur la planète. Jeune; à la fois par l'âge de sa population et par la date de naissance de ses États. Riche; pour le logement d'environ 10% des réserves mondiales de pétrole et de tant d'autres minéraux stratégiques; pauvres, car environ la moitié de sa population vit en dessous de la pauvreté, en marge des principaux flux économiques mondiaux.[265]

Les échanges commerciaux entre le Mercosur et le continent africain se sont rapidement intensifiés avec un volume des exportations et des importations en hausse chaque année. L'Egypte et l'Afrique du Sud restent les deux principaux importateurs du Mercosur même si la part de ces deux pays est en en baisse depuis 2001, alors que les exportations du bloc vers le Ghana, la Libye, le Sénégal, l'Angola et l'Algérie se sont accrues.[266] Ainsi l'étude de cette partie va mettre l'accent sur les relations commerciales entre l'Afrique en particulier les pays de l'Afrique de l'Ouest et le Mercosur en mettant l'accent sur le Brésil, leader et grande puissance de l'Amérique latine.

En effet, c'est depuis les années 1967 que la politique africaine du Brésil a gagné en cohérence. Ainsi, les gouvernements Costa, Silva et Médici formulent une stratégie d'intégration brésilienne en Afrique de manière indépendante par le biais de partenariats économiques, commerciaux, politiques, culturels et historiques.[267]

Or, dans le cadre de la politique étrangère brésilienne, l'Afrique est une zone d'intérêt stratégique permanente pour le géant Latino-Américain. Et il est important aussi de souligner que des facteurs économiques et politiques, ainsi que des liens culturels et des affinités diverses, lient le Brésil à l'Afrique.

Dans l'article publié par le Blog Itamaraty[268] du Ministère des Relations Extérieures (Semana da África, 2014), soutenait que depuis 2003, les relations avec l'Afrique sont devenues une priorité pour le Brésil. Des partenariats stratégiques ont été établis avec l'Angola et l'Afrique du Sud et des mécanismes de dialogue stratégique avec l'Algérie et l'Égypte, les initiatives et les contacts

---

[265] FERREIRA MIGON, Eduardo Xavier & DOS SANTOS, Carlos Alexandre Geovanini. África& Brasil: Parceria para o desenvolvimento. 2013.

[266] BARTESAGHI, Ignacio, MANGANA, Susana. Les relations commerciales entre l'Afrique et le Mercosur: Etude de cas du Brésil. 6 May 2013. Article disponible sur:https://www.ictsd.org/bridges-news/passerelles/news/les-relations-commerciales-entre-l%E2%80%99afrique-et-le-mercosur-etude-de-cas. Consulté le 21/11/2017.

[267] CERVO, A.L. Relações internacionais do Brasil: um balanço da era Cardoso, Revista Brasileira de Política Internacional, Brasília, v. 45, n. 1, 2002.

[268]Document disponible sur : http://blog.itamaraty.gov.br/83-semana-da-africa . Consulté le 19/11/2017.

ont été intensifiés non seulement avec les pays lusophones, mais aussi avec tous les pays africains.

> En avril 2012, par exemple, le Groupe technique sur les études stratégiques du commerce extérieur (GTEX) a été créé pour l'Afrique. Le GTEX Afrique réalise des études, prépare des propositions sur la politique du commerce extérieur pour le continent et coordonne les initiatives de coopération et de la promotion du commerce et de l'investissement. Parmi ses actions, il y a le plan de développement de la coopération Brésil-Afrique, ou « Plan Afrique », qui vise à approfondir la coopération dans ses divers aspects (éducation, humanitaire, santé, etc.), ainsi que dans les domaines de la subvention financement, annulation de la dette, expansion commerciale et d'investissement, entre autres.
>
> Grâce à l'Agence brésilienne de coopération (ABC) d'Itamaraty, le Brésil investit également dans un vaste programme de coopération technique, qui vise à partager avec les pays africains les expériences réussies de certains pays. L'un des domaines les plus féconds a été l'agriculture, parce que d'une part, le grand potentiel africain dans ce domaine et, d'autre part, la technologie agricole brésilienne. Ce type de coopération a été mené, en grande partie avec le soutien de l'Embrapa, qui a ouvert un bureau au Ghana en 2008. La coopération en matière de santé dans les domaines du VIH / SIDA et l'anémie falciforme est un autre aspect d'application sur le sol africain des politiques publiques brésiliennes, (Itamaraty Ministério das Relações Exteriores, 2014).[269]

L'engagement du Brésil de renforcer ses relations avec le continent africain en augmentant ses échanges est très significatif. Selon le Ministère des Relations Extérieures du Brésil (ITAMARATY), entre 2002 et 2013, le commerce du Brésil avec le continent a augmenté de plus de 400%, passant de 5 à 28,5 milliards de dollars US.[270] La coopération Brésilienne ne cesse d'accroitre ces dernières années dans le continent africain. Dans son article publié dans le journal *"Slate Afrique"* en 2012, Laurence RIZET[271] soutient que dans le cadre du dialogue Brésil-Afrique, le gouvernement de Brasilia s'est engagé à mener 10 projets-pilotes agricoles. Il a ouvert un bureau de l'Institut brésilien de recherche agroalimentaire (Embrapa) à Accra, au Ghana - pour moderniser la production agricole familiale, et 171 centres de mécanisation agricole seront installés dans le pays en 2011-2012, avec des machines importées du Brésil. Ces fonds

---

[269] Ibid.
[270] Ibid.
[271] Journaliste française, spécialiste des Amériques, et des relations afro-américaines

proviennent de la Chambre brésilienne du commerce extérieur, qui a approuvé en novembre 2010 un plan de financement de 640 millions de dollars US sur deux ans destiné à l'agriculture vivrière.

Il faut noter que l'institut EMBRAPA[272], leader dans le domaine de la recherche scientifique de l'agroalimentaire, développe un programme fructueux de coopération avec les pays africains[273]. Par l'intermédiaire de l'Agence brésilienne de coopération du ministère des Affaires étrangères (MRE), elle se présente non comme un simple donateur, mais comme un partenaire pour un travail commun. L'un des principaux objectifs est d'améliorer les techniques de culture et de pâturage. Il travaille également dans les domaines environnementaux, techniques, économiques et sociaux.

Ces mesures contribuent à l'amélioration des normes de l'agriculture familiale, de la durabilité et de la protection de l'environnement. Ils servent finalement à améliorer les économies des pays assistés afin d'assurer la sécurité alimentaire et de sécuriser les populations dans leurs lieux d'origine à la campagne et d'éviter le gonflement de la population des grandes métropoles africaines comme on peut le constater aujourd'hui dans la plupart des grandes villes africaines comme Dakar.

Concernant la santé, de nombreux pays suivent avec attention la politique brésilienne de lutte contre le sida: le pays a produit dès 1996 des médicaments génériques accessibles aux populations les plus démunies - des accords viennent d'être signés avec le Mozambique et le Sénégal pour une fabrication locale d'antirétroviraux[274].

Les principaux partenaires commerciaux du Brésil en Afrique sont le Nigeria, l'Algérie, l'Égypte, l'Afrique du Sud, le Maroc et l'Angola. Le Nigeria se distingue comme le principal partenaire commercial du Brésil, avec des échanges commerciaux d'environ 10,5 milliards de dollars US (environ 35% du flux commercial total Brésil-Afrique en 2013), (Itamaraty, Ministério das Relações Exteriores, Semana da África 2014).[275]

Le Nigeria, actuellement première puissance économique de l'Afrique depuis 2018, est ainsi devenu le principal partenaire économique du Brésil à cause de son potentiel de ressources naturelles comme le pétrole qui constitue son principal gain d'exportation vers le Brésil. Le Nigeria se présente comme un

---

[272]Serviço Brasileiro de Apoio às Micro e Médias Empresas.
[273] Document Disponible
sur :http://187.33.1.140/portalafrica/public_html/index.html.consulté le 19/11/2017
[274]Document disponible sur : http://www.slateafrique.com/1947/bresil-geant-qui-emerge-en-afrique. Consulté le 19/11/2017.
[275] Document disponible sur : http://blog.itamaraty.gov.br/83-semana-da-africa . Consulté le 19/11/2017.

pôle politique important, promouvant, entre autres initiatives multilatérales comme la CEDEAO. Son économie, basée sur l'exportation de pétrole, ne fournit pas seulement aux grandes puissances ce combustible fossile, mais contribue aussi au réchauffement du commerce en Afrique de l'Ouest[276]. C'est ce qui justifie les intérêts du Brésil à renforcer ses relations commerciales avec le géant de la sous-région Ouest africaine.

I. BARTESAGHI & S. MANGANA affirmaient que, "les importations du Mercosur en provenance d'Afrique sont fortement concentrées sur les carburants fossiles fournis par un petit nombre de pays. Le Nigeria compte, à lui seul, pour plus de la moitié des importations totales du Mercosur en provenance du continent, suivi de l'Algérie, l'Afrique du Sud, le Maroc l'Angola et la Guinée équatoriale qui, ensemble, représentent, 35% du total des achats effectués par le Mercosur en 2010." [277]

Concernant les exportations brésiliennes, au cours des dernières années, les exportations brésiliennes vers l'Afrique ont été concentrées en trois groupes: le sucre (sucre raffiné et autres sucre de canne), la viande (bœuf et volaille congelés) et les céréales (maïs, seigle, riz, entre autres), qui représentait plus de 60% du total en 2013. En plus de ces produits, les voitures et les minéraux se sont distingués[278].

Toutefois, le Sénégal et le Brésil entretien de bonnes relations bilatérales. La coopération technique a été l'un des axes centraux des relations bilatérales entre ces deux pays. Ils ont des partenariats dans des projets couvrant des domaines tels que l'horticulture, l'élevage laitier, la riziculture, la culture du manioc, l'agriculture familiale, les biocarburants et la lutte contre l'anémie falciforme. La coopération bilatérale dans les politiques sociales et la sécurité alimentaire est prometteuse.[279]

> En outre, le Sénégal est l'un des pays africains à adhérer au Programme alimentaire international (PMAI), qui prévoit la fourniture de machines agricoles et la fourniture d'une coopération technique en vue de la modernisation de l'agriculture sénégalaise.

---

[276] FERREIRA MIGON, Eduardo Xavier, DOS SANTOS,Carlos Alexandre Geovanini . África & Brasil: Parceria para o desenvolvimento. 2013.

[277] BARTESAGHI, Ignacio, MANGANA, Susana. Les relations commerciales entre l'Afrique et le Mercosur: Etude de cas du Brésil. 6 May 2013. Article disponible sur:https://www.ictsd.org/bridges-news/passerelles/news/les-relations-commerciales-entre-l%E2%80%99afrique-et-le-mercosur-etude-de-cas. Consulté le 21/11/2017.

[278] Itamaraty Ministério das Relações Exteriores, Semana da África 2014. Document disponible sur : http://blog.itamaraty.gov.br/83-semana-da-africa . Consulté le 19/11/2017.

[279]Lire plus sur : http://blog.itamaraty.gov.br. Consulté le 19/11/2017.

Le rééchelonnement de la dette avec le Brésil, achevé en 2013, qualifie les entreprises brésiliennes intéressées à travailler ou exporter au Sénégal pour obtenir un financement auprès de la BNDES. Cela ouvre de nouvelles perspectives pour l'intensification des échanges bilatéraux.[280]

Malgré une faible dynamique de croissance, le Sénégal a su maintenir une réelle attractivité auprès des investisseurs étrangers. Cette ouverture à l'international s'appuie essentiellement sur l'image de stabilité institutionnelle dont bénéficie le pays.

La Guinée-Bissau est un partenaire important du Brésil en Afrique, avec d'importants projets bilatéraux de coopération technique au sein de la Communauté des pays de langue portugaise (CPLP)[281].

En effet les recherches effectuées au niveau du Ministère des Affaires Étrangères de la Guinée-Bissau[282] le 11 Janvier 2018, montrent que les relations bilatérales entre le Brésil et la Guinée-Bissau sont plus expressives dans les domaines de la coopération éducative, technique et culturelle. Les relations économiques (commerce et investissements) sont encore faibles en densité, bien qu'ils aient un potentiel de croissance appréciable. Le fait que la Guinée-Bissau soit le seul pays lusophone de l'Union économique et monétaire ouest-africaine (UEMOA) ouvre de bonnes perspectives d'accroissement des flux commerciaux avec le Brésil, (Ministère des Affaires Étrangères de la Guinée-Bissau, 2018).[283]

Le Centre d'études brésiliennes (CEB) de l'ambassade du Brésil à Bissau est la principale locomotive des activités de coopération bilatérale dans le domaine de la culture. Dans la CEB chaque année est enseigné des cours gratuits sur l'alphabétisation des enfants, la littérature basique portugaise et brésilienne et il y a une bibliothèque ouverte au public bissau-guinéen.[284]

La Guinée-Bissau est l'un des plus grands bénéficiaires des programmes d'études supérieures *"Estudantes–Convênio de Graduação"* (PEC-G) e de

---

[280]Traduction libre, version original disponible
sur :http://www.itamaraty.gov.br/templates/padraogoverno01/pesquisa-postos/index.php?option=com_content&view=article&id=5538&Itemid=478&cod_pais=SEN&tipo=ficha_pais&lang=pt-BR. Consulté le 19/11/2017.
[281] Itamaraty, Relações Exteriores – Guiné-Bissau. Document disponible
sur:.http://www.itamaraty.gov.br/index.php?option=com_content&view=article&id=5215&Itemid=478&cod_pais=GNB&tipo=ficha_pais&lang=pt-BR. Consulté le 01/02/2018.
[282] Recherche de terrain effectuée au niveau du Ministère des Affaires Etrangères la Guinée-Bissau le 11 décembre 2017 dans le cabinet de Mr Dionílson Diamantino Joaquim Ferreira, Directeur des Affaires Bilatérales de la Direction Générale de la Politique Étrangère - Ministère des Affaires Etrangères de la G-Bissau.
[283] Ibid.
[284] Ibid.

"*Estudantes-Convênio de Pós-Graduação*" (PEC-PG), qui facilitent l'entrée des étudiants des pays en développement dans les institutions brésiliennes.[285]

Le PEC-G est l'instrument le plus important de la coopération bilatérale dans le domaine de l'éducation. Grâce à la PEC-G, les jeunes de la Guinée-Bissau étudient gratuitement dans de nombreuses universités brésiliennes, avec une exemption des examens d'admission. En outre, une partie importante de ces étudiants continue de recevoir une aide financière d'urgence du gouvernement brésilien.[286]

La Guinée-Bissau se classe deuxième après le Cap-Vert en nombre d'étudiants participant au PEC-G au Brésil. Entre 2000 et 2015, 1.336 étudiants de la Guinée-Bissau ont été sélectionnés pour participer au programme, selon les données du Ministère des Affaires Étrangères du Brésil.[287] Plusieurs activités de coopération technique spécifiques fournies par le Brésil à la Guinée-Bissau ont eu lieu ces dernières années. Ces activités se traduisent par des stages ou stages de courte durée (généralement de 30 à 60 jours) au Brésil, destinés aux techniciens séniors bissau-guinéens, dans les domaines de la médecine tropicale, fruitière, gestion des ressources hospitalières, assainissement urbain, etc. Les stagiaires de Guinée-Bissau ont tous les frais payés par le gouvernement brésilien.[288]

Un important projet de coopération bilatérale dans le domaine de la riziculture irriguée a été lancé en 2004 et est en cours. Le fonds IBSA (parrainé par l'Inde, le Brésil et l'Afrique du Sud) vient d'être créé et, à l'initiative du gouvernement brésilien, le premier projet du Fonds (dans les domaines de l'agriculture, de l'élevage et de l'agro-industrie) bénéficiera à la Guinée-Bissau. Depuis 2007, le Brésil préside la configuration de la Commission de Consolidation de la Paix (CCP) des Nations Unies en Guinée-Bissau et a été le premier pays en développement à occuper la présidence de la configuration de la CCP. La configuration était importante pour surmonter la crise institutionnelle résultant de l'assassinat du président Nino Vieira en mars 2009. Malgré la rupture de l'ordre constitutionnel en 2012, le CCP a continué à œuvrer pour le rétablissement de la démocratie. En 2014, la Guinée Bissau a tenu ses premières élections générales après le coup d'Etat militaire de 2012.[289]

---

[285] Itamaraty, Relações Exteriores – Guiné-Bissau. Document disponible sur:.http://www.itamaraty.gov.br/index.php?option=com_content&view=article&id=5215&Itemid=478&cod_pais=GNB&tipo=ficha_pais&lang=pt-BR. Consulté le 01/02/2018.
[286] Ibid.
[287] BRASIL. Ministério da Educação. Programa Estudante Convênio de Graduação, 2016. Disponível em: <http://portal.mec.gov.br/pec-g>. Consulté le 19/02/2018.
[288] Ibid.
[289] Ibid.

À propos du Mercosur, les exportations de marchandises vers l'Afrique, sont dominées par le sucre et les produits de confiserie qui représentent le pourcentage le plus élevé, suivis de près par la viande, les céréales, les graisses, et les huiles animales et végétales.[290]

> Entre 2001 et 2010, les exportations de viande et d'abats ont réalisé le plus de gains, suivis du sucre. D'autres exportations de produits de base et de produits agricoles manufacturés vers l'Afrique ayant enregistré de bons résultats comprenaient les minéraux, les scories et les cendres, les semences, les oléagineux, le lait et les produits laitiers, le tabac, le poisson et les crustacés, la viande, les produits du poisson, ainsi que les aliments à base de céréales, les boissons, le café, les herbes et les épices. BARTESAGHI ; MANGANA, 2013).

Le rapport publié le 30 mai 2014 dans le blog d'Itamaraty du Ministère des Relations Extérieures du Brésil intitulé " *Semana da África* ", montre que le Brésil s'efforce de stimuler une relation plus forte entre le Mercosur et l'Afrique. Et les investissements qui cherchent à développer le potentiel du continent dans les secteurs minier et agricole s'ajoutent aux grands projets dans des domaines tels que les télécommunications, l'infrastructure et la banque. Alors le Brésil est maintenant perçu par les partenaires africains comme un pays qui a réussi à passer du sous-développement et de la dépendance à l'exportation des produits de base au statut d'économie industrialisée, qui a un secteur agricole varié et dynamique. La base brésilienne académique et scientifique pertinente, la proximité culturelle et les politiques sociales qui réduisent la pauvreté et favorisent une plus grande égalité sont également appréciées. De nombreux pays africains considèrent le processus de développement brésilien comme une source potentielle d'inspiration.

Parallèlement aux relations bilatérales avec les pays du continent, le Brésil a intensifié ses contacts avec plusieurs organisations régionales africaines, renforçant ainsi sa capacité de coordination sur des questions d'intérêt mutuel.

Avec la CEDEAO, le Brésil a tenu une réunion au sommet en juillet 2010 au Cap-Vert.[291]

En fait, le Brésil ne veut pas être en retard dans la course pour conquérir le marché africain déjà que la chine est bien en avance et assure sa présence

---

[290] BARTESAGHI, Ignacio, MANGANA, Susana. Les relations commerciales entre l'Afrique et le Mercosur: Etude de cas du Brésil. 6 May 2013. Article disponible sur:https://www.ictsd.org/bridges-news/passerelles/news/les-relations-commerciales-entre-l%E2%80%99afrique-et-le-mercosur-etude-de-cas. Consulté le 21/11/2017.
[291]Document sur la coopération entre la CEDEAO et le Brésil disponible sur : http://blog.itamaraty.gov.br . Consulté le 20/11/2017.

dans presque tous les pays africains avec cette nouvelle ère de la mondialisation. Ainsi ADDA. J, définissait la mondialisation comme avant tout un "processus de contournement, de délitement et, pour finir, de démantèlement des frontières physiques et réglementaires qui font obstacle à l'accumulation du capital à l'échelle mondiale. Elle consacre le retour en force d'une régulation marchande qui tend à se diffuser à l'ensemble de la vie économique, dans un double mouvement qui va de l'international vers le national et du monde financier vers le monde du travail."[292]

Pour ADDA. J, cette nouvelle forme de parler de la mondialisation "n'est rien d'autre qu'une nouvelle forme de capitalisme et son emprise sur l'espace économique mondial. Cette emprise ne se réduit pas au triomphe d'un bloc d'États sur un autre, ni même à celui d'un système économique sur ses concurrents car c'est toujours les plus riches qui en bénéficient le plus au détriment des plus pauvres."[293]

L'intégration économique mondiale et la mondialisation financière exigent la concrétisation de la notion d'économie nationale et de l'environnement domestique comme par exemple la libéralisation des échanges de biens et de services, les progrès dans les transports et les télécommunications le rendent réellement accessible à la plupart des consommateurs, leur pays de résidence et la plupart des marchés à tous les producteurs, quelle que soit la localisation géographique de leurs installations de production. Les entreprises peuvent mettre leurs produits où ils veulent et avec les contours désirés, à condition que les entreprises et les États puissent financer où ils veulent.

Ainsi le Rapport annuel 2017 de la Banque Mondiale soutenait que:

> L'Afrique a accompli des progrès au cours de la dernière décennie, tant sur le plan de la croissance économique que de la réduction de la pauvreté, mais la région reste confrontée à des défis majeurs. La croissance en Afrique subsaharienne a nettement ralenti en 2016, s'établissant à 1,3 %, mais elle devrait repartir au rythme modéré de 2,6 % en 2017 et atteindre 3,2 % en 2018. La reprise reste néanmoins fragile. Des risques externes continuent d'assombrir les perspectives économiques régionales, notamment un durcissement plus important que prévu des conditions de financement sur les marchés mondiaux, une amélioration moins franche des prix des matières premières et une montée du protectionnisme. Les risques intérieurs qui pourraient mettre en péril la reprise actuelle tiennent au rythme des réformes qui ne sied pas au contexte, à l'accroissement des menaces sécuritaires et

---

[292] ADDA, Jacques. - La mondialisation de l'économie : de la genèse à la crise. 8e éd. revue et augmentée. - Paris : La Découverte, 2012.
[293] Ibid.

à un climat d'incertitude politique précédant les élections dans certains pays.[294]

Le commerce a été le fondement économique de l'intégration internationale et de la mondialisation, mais, comme le montrent FINDLAY et O'ROURKE[295], qui ont présenté l'histoire du commerce mondial et montré comment il a été influencé par le développement économique et la politique au cours des mille dernières années en examinant de près les causes technologiques et politiques à l'origine de ces tendances à long terme. Ils montrent comment l'expansion et la contraction de l'économie mondiale ont été directement liées à l'interaction réciproque du commerce et de la géopolitique, et comment la guerre et la paix ont été des déterminants critiques du commerce international à très long terme.

Dans le dernier chapitre, notre étude tournera autour des réflexions sur la protection des consommateurs au Sénégal et quelles menaces potentielles pour le bien-être des consommateurs dans la région de la CEDEAO et dans la zone continentale africaine de libre-échange (ZLECAf) dans la perspective de l'intégration économique de la communauté de l'union africaine (UA).

---

[294]LA BANQUE MONDIALE, Rapport Annuel 2017. Disponible sur le lien: https://openknowledge.worldbank.org/bitstream/handle/10986/27986/211119FR.pdf?sequenc e=8&isAllowed=y. Consulté le 23/01/2018 p.36-37.
[295] FINDLAY R. & O'ROURKE K. H., Power and Plenty. Trade, War and the World Economy in the Second Millennium, Princeton University Press, Princeton, 2007. HABERMAS, Jürgen, Droit et Démocratie, ibid., p. 123 ; L'intégration Républicaine, 1997.op. Cit. p. 58.

V- REFLEXIONS SUR LA PROTECTION DES CONSOMMATEURS AU SENEGAL, QUELLES MENACES POTENTIELLES POUR LE BIEN-ETRE DES CONSOMMATEURS DANS LA REGION DE LA CEDEAO ET DANS LA ZONE CONTINENTALE AFRICAINE DE LIBRE-ECHANGE (ZLECAF) DANS LA PERSPECTIVE DE L'INTEGRATION ECONOMIQUE DE LA COMMUNAUTE DE L'UNION AFRICAINE (UA).

Le numérique, levier majeur de l'évolution des conditions de vie des populations, particulièrement défavorisées, offre des opportunités de modernisation et de valorisation des secteurs socio-économiques à fort potentiel de croissance, à travers les techniques et technologies de production, mais également les échanges de biens et de services.

Sur la base des performances du secteur numérique, le Sénégal souhaite accélérer les principaux moteurs de la croissance en faveur de l'amélioration des capacités de production et de l'innovation des secteurs en croissance.

L'option choisie est d'accélérer la diffusion de la technologie numérique dans les secteurs prioritaires identifiés dans le Plan Sénégal émergent (PSE) pour, d'une part, promouvoir l'accès aux services sociaux de base (santé, éducation, services financiers), et d'autre part d'augmenter considérablement la productivité en mettant l'accent sur l'utilisation accrue de la technologie numérique dans les domaines de l'agriculture, de l'élevage, de la pêche et du commerce.

Le Plan Sénégal Emergent (PSE) vise à transformer le Sénégal en un pays émergent en 2035, avec une société socialement responsable et la règle de droit. C'est dans ce contexte qu'ont été identifiés un certain nombre de secteurs dont le développement, essentiel à la réalisation de cette ambition, dont celui de l'économie numérique.

Assurément, l'économie numérique est un domaine transversal qui regroupe toutes les activités de production, de distribution et de consommation de biens et services liés aux télécommunications et aux technologies de l'information et de la communication, leurs utilisations en tant que cœur ou support dans les processus industriels, économiques et sociétaux.

Ainsi avec toute cette évolution de la technologie de l'information et de la communication au Sénégal, il n'y a pas comment ne pas se soucier avec la sécurité des consommateurs sénégalais. Pour cela, l'étude de ce chapitre, nous permettra d'analyser systématiquement la vulnérabilité du consommateur sénégalais, mais aussi de voir les dispositifs que le Sénégal a mis en place pour protéger ses consommateurs face aux risques de la mondialisation qui a augmenté la production des marchandises et des services. Ce qui nous renvoie à une société dite de la consommation.

Ensuite, nous étudierons les risques liés à la situation du consommateur par rapport à l'intégration communautaire et à la globalisation. Aujourd'hui, l'intégration régionale montre que le Sénégal fait partie d'organisations communautaires à l'échelle sous régionale et régionale ou continentale (UEMOA, CEDEAO, OHADA, Union Africaine), donc les menaces potentielles pour le bien-être du consommateur des pays membres de la CEDEAO n'est pas à négliger. Comme toute espace communautaire, la libre circulation des biens et des services est généralement prodigué. Ce qui veut dire que le consommateur sénégalais sera en contact direct avec des produits venant d'un autre pays de l'espace où peut être l'observation des règles de sécurisation des produits ne respecte pas les mêmes normes qu'au Sénégal.

Et enfin, nous aborderons les réflexions autour de la protection des consommateurs de la zone de libre-échange continentale africaine (ZLECAF) dans la perspective d'intégration économique communautaire de l'UA. Cet accord consolide un marché de 1,2 milliard de personnes, donc il faudra adopter des lois et réglementations permettant aux personnes, aux marchandises, aux capitaux et aux informations de traverser librement les frontières tout en tenant compte à la sécurité des consommateurs. Mais aussi, de créer un environnement commercial compétitif à même de stimuler la productivité et l'investissement, et de promouvoir la compétitivité vis-à-vis de l'extérieur ainsi que les investissements directs étrangers pour favoriser la productivité et l'innovation des entreprises nationales africaines dans les années à venir.

1- Loi sur la consommation au Sénégal

Le droit de la consommation est né de la volonté d'assurer au consommateur face au professionnel une protection que le droit commun des contrats ne paraissait pas lui assurer suffisamment.[296]

Alors, « l'usage de la technologie moderne, dans les sociétés actuelles, le développement et les progrès techniques et scientifiques dans la vie humaine, et aussi, le besoin de la société humaine dans leur usage, ont entrainé

296RZEPECKI, Nathalie. *Droit de la consommation et théorie générale du contrat.*Nouvelle édition [en ligne]. Aix-en-Provence : Presses universitaires d'Aix-Marseille, 2002 (généré le 27 février 2019). Disponible sur Internet : <http://books.openedition.org/puam/479>. ISBN : 9782821853379. DOI : 10.4000/books.puam.479.

l'augmentation de niveau de la production des marchandises et des services. Cette évolution remarquable de la société humaine va finir par mettre en place une société dite de la consommation ».[297]

Thomas DIATTA, affirmait que, dans cette société de consommation, il est une catégorie de personnes appelée professionnels qui produisent des biens et services qu'ils proposent à une autre frange de la population appelée consommateurs. Dans les rapports entre consommateur et professionnel, il s'est toujours posé et se pose toujours la question de la sécurité du premier. Selon l'auteur, cette question de la sécurité du consommateur se pose avec acuité partout dans le monde, en Afrique et particulièrement au Sénégal.[298]

C'est ainsi que le professeur Jean-Pascal CHAZAL, soutient l'idée d'affirmer la nécessité de protéger le consommateur, qu'il qualifie de personne vulnérable face au professionnel.

Pour CHAZAL, par définition du mot vulnérable, on entend la personne ou la chose qui peut être blessée. Dans un premier sens, la blessure (*vulnus*) est un synonyme de plaie, c'est à dire de lésion corporelle. Mais rapidement, y compris en latin classique, *vulnerare* revêt un sens figuré. On l'utilise, par exemple, pour l'atteinte portée à l'ordre public. Dès lors, le vulnérable est celui qui peut être blessé, au sens physique du terme, mais aussi au sens imagé, c'est à dire celui qui est susceptible d'être victime d'une atteinte portée à son patrimoine, à ses biens, à ses intérêts. Le consommateur semble être vulnérable sous ces deux sens.[299]

Le professeur CHAZAL, affirme que la personne vulnérable, dans son activité de consommation, peut subir une blessure corporelle à l'occasion de l'utilisation d'un bien défectueux. Elle peut également subir une lésion pécuniaire, ce qui sera le cas le plus fréquent en pratique.[300] Donc selon CHAZAL, l'idée de lésion potentielle doit ici être privilégiée. Car, si le consommateur doit être protégé par le droit, ce n'st pas parce qu'il est systématiquement lésé, mais parce qu'il est susceptible de l'être pour la simple raison qu'il se défend mal, qu'il n'est pas bien armé pour faire face à son partenaire-adversaire qu'est le professionnel.[301]

297http://sendroit.over-blog.com/article-la-securite-du-consommateur-senegalais-90993080.html
298Id.
299CHAZAL, Jean Pascal. Vulnérabilité et droit de la consommation. Cohet-Cordey, Frédérique. Colloque sur la vulnérabilité et le droit, Mar 2000, Université P. Mendès-France, Grenoble II, France. Presses Universitaires de Grenoble, pp.00-00, 2000.
300Id
301Id

Le concept de « *sécurité du consommateur* », ou plus précisément la sécurité physique du consommateur pose d'énormes problèmes dans son appréhension. Certes, les mots qui le composent pris isolément ne sont pas difficiles à cerner mais c'est surtout le terme pris dans sa globalité qui est difficile à cerner. Par exemple pour définir la notion de consommateur il faut la distinguer de notions voisines telles que : l'usager, l'utilisateur et le client. L'usager est une personne qui utilise un service public, par opposition au client qui est celui qui utilise les services d'une entreprise privée.[302]

Pour ce qui est du consommateur sa définition peut être sujette à débat, mais lorsqu'il est question de sécurité du consommateur, il est assez clair que le consommateur, tel que protégé par le droit de la consommation, est la personne qui se voit proposer ou accepte une offre de contrat portant sur un bien ou un service à des fins non professionnelles. Toutes les personnes physiques sont donc des consommateurs à un moment de la journée. Le soir quand le boulanger achète de la farine pour faire du pain à ses enfants, il devient consommateur. Par contre, dans la journée quand il contracte pour les besoins de son travail, il agit en qualité de professionnel.[303]

Alors pour revenir à la notion de sécurité, elle peut être difficile à cerner mais il faut la comprendre comme l'état d'esprit d'une personne qui se sent tranquille et confiante. C'est le sentiment, bien ou mal fondé, d'être à l'abri de tout danger et risque. Mais ici ce mot de sécurité renvoie à l'idée de protection contre les risques qui peuvent menacer l'intégrité physique de la personne.[304]

Cependant, lorsque l'on parle de sécurité du consommateur, on vise, non pas des règles qui protégeraient spécifiquement et uniquement le consommateur, mais des règles qui concernent la sécurité de ce sur quoi porte l'activité du consommateur.[305] Dès lors on parlera d'une protection qui vise donc en fait la sécurité de ces biens et services que le consommateur est susceptible de se procurer.

Pour revenir sur le but de ce sujet, c'est à dire ce qui nous intéresse ici c'est la protection du consommateur sénégalais.

Ainsi nous allons nous intéresser d'abord sur la position géographique du consommateur sénégalais. Comme on peut le voir le Sénégal est un pays carrefour (aérien, maritime, routier et ferroviaire). A ce titre, il constitue l'escale et le pont de transit de la plupart des produits entrant dans le marché économique africain en général et en particulier dans le marché économique

---

302http://sendroit.over-blog.com/article-la-securite-du-consommateur-senegalais-90993080.html
303Id.
304Id
305Id

ouest-africain. C'est ainsi que dans ce pays on rencontre une diversité de produits fabriqués localement ou importés qui sont proposés au consommateur sénégalais. Et cette diversité de produits proposés au consommateur sénégalais peut l'exposer à différents risques liés à la consommation.

Mais il faut aussi rappeler qu'il y a un autre problème qui pousse les consommateurs sénégalais vers ces produits à risque. La plupart des consommateurs sénégalais ne sont pas riches. Donc avec la pauvreté qui gangrène la population sénégalaise, sans parler de la crise économique, poussent ces consommateurs vers les produits à moindre coût sans se soucier de sa sécurité et de sa santé. En plus de son insouciance, le consommateur sénégalais fait face à une économie qui est fortement dominée par l'informel. Ce secteur fabrique et distribue des produits aux consommateurs parfois dans une totale méconnaissance des règles d'hygiène et sanitaires et de sécurité des produits. Il est également aujourd'hui responsable de la prolifération des médicaments de la rue comme on peut le voir à travers les rues de la capital Dakar la contrefaçon de médicaments étalés par des commerçants sans être soucier par les autorités, même si dernièrement des efforts et des textes interdisant la vente de ces médicaments de la rue a été mis en vigueur, mais on peut se demander combien de victime a-t-elle déjà causé au niveau des consommateurs sénégalais?

En effet, depuis les indépendances jusqu'à nos jours, le Sénégal dans sa logique de protection des intérêts physiques du consommateur a pris une série de textes législatifs et réglementaires visant à protéger la santé des populations en général et en particulier celle des consommateurs. Mais aussi on peut y ajouter des règlements sanitaires portant sur l'hygiène et des textes spécifiques à certaines denrées, renforcent cet arsenal juridique sur le contrôle pour la sécurité sanitaire des aliments.[306]

Ainsi on peut citer en exemples quelques textes portant sur:
- Le contrôle de la sécurité sanitaire des denrées alimentaires est régi au Sénégal par une loi de base : la loi 66-48 du 27 mai 1966.
- La loi fondamentale est complétée par deux décrets de portée générale, les lois 68- 507 et 68-508 du 7 mai 1968.

Le premier précise les conditions de contrôle à l'importation et des mesures d'ordre pratique d'exploitation des produits alimentaires. Le deuxième décret traite des procédures de contrôle, de prélèvement, de saisie et des analyses en matière de répression de fraudes.

Pour les médicaments et les autres produits pharmaceutiques, il existe également des textes à ce niveau. Seulement certains produits de consommations non alimentaires, et produits à risque (OGM) qui sont pourtant sur le marché ne

___
[306]Id

font pas l'objet d'une réglementation. Le législateur semble avoir mis l'accent sur la protection alimentaire, médicamenteuse et pharmaceutique au détriment des autres produits qui peuvent aussi présenter des risques sur la sécurité et la santé du consommateur. A côté de cette législation, le Sénégal a mis en place des services officiels de contrôle des produits.

A ce sujet nous avons :

- La Direction de la Protection des Végétaux par la Division Législation Contrôle Phytosanitaire et Qualité.

- La Direction de l'Océanographie et des pêches maritimes par le (Bureau du Contrôle des Produits halieutiques et services régionaux des pêches).

Le Service National d'Hygiène en rapport avec le Ministère du Commerce (Division de la Consommation et de la Qualité).

Ainsi, avec un tel dispositif on se rend compte que la sécurité du consommateur sénégalais n'est donc pas totalement garantie. Alors, pour protéger la sécurité du consommateur, le Sénégal doit mettre en place des dispositifs de prévention et de gestion des risques liés à la consommation. Ce qui veut dire que, la sécurité doit être envisagée dans toute sa globalité. Les consommateurs sénégalais devraient également être encadrés dans les contrats qu'ils passent avec les professionnels en y exigeant leur sécurité[307]. Même si dans la loi de base, les décrets et les dispositions relatives aux médicaments et spécialités pharmaceutiques, il est une certaine prévention et une gestion des risques avec l'édiction de contrôle et de sanctions pénales ou administratives comme mentionné au-dessus, mais il faut reconnaître que ce dispositif est encore insuffisant. Car, on peut noter que le problème majeur du Sénégal aujourd'hui c'est l'édiction d'un code de la consommation ou encore d'une loi relative à la sécurité générale des produits qui fait défaut.

L'organisation des nations-unies estimes dans ces principes directeurs que les gouvernements devraient élaborer ou maintenir des politiques strictes de protection du consommateur en s'inspirant des principes directeurs qui visent à répondre aux besoins légitimes ci-après:

> Protection des consommateurs contre les risques pour leur **santé et leur sécurité**; Promotion et protection des **intérêts économiques** des consommateurs; Accès des consommateurs à **l'information voulue** pour faire un choix éclairé selon leurs désirs et leurs besoins; Éducation des consommateurs notamment concernant l'impact socioéconomique et sur l'environnement des choix qu'ils effectuent; Possibilité pour le consommateur d'obtenir une **réparation effective**;

307Id.

Droit de **constituer des groupes ou des organisations de consommateurs** et autres groupes pertinents et possibilité¹ pour ces organisations¹ de faire valoir leurs vues dans le cadre des décisions les concernant; Promotion des modes de consommation durables.[308]

Pour l'organisation des nation-unies « Les gouvernements devraient fournir ou maintenir l'infrastructure nécessaire pour élaborer et appliquer des politiques de protection du consommateur et en suivre la mise en œuvre. Il importe de veiller particulièrement à ce que les mesures de protection du consommateur soient appliquées à l'avantage de tous les secteurs de la population¹ notamment à la population rurale et aux pauvres ».[309]

Donc, la protection des consommateurs doit rester une préoccupation centrale pour les organes de régulation. De ce fait les opérateurs régulés sont tenus d'observer une éthique professionnelle solide et orientée vers la satisfaction des besoins des consommateurs.

Cependant, en dépit de ce sombre diagnostic de l'état des lieux de la législation sénégalaise, il y a lieu de retenir que le consommateur sénégalais n'est pas tout à fait désarmé face aux risques que les produits sont susceptibles de présenter. Car la loi 2002-23, dans son article 5, dispose de même que l'organe de régulation est chargé de traiter les différends entre les consommateurs et les opérateurs et qu'il doit : « (...) intervenir soit en tant que conciliateur soit pour trancher les différends entre l'autorité concédante et les concessionnaires entre les entreprises des secteurs régulés et entre lesdites entreprises et les consommateurs».[310]

Il faut aussi noter, en cas de réalisation de risques et que des dommages sont subis par un consommateur, on peut admettre que celui-ci puissent engager la responsabilité du fabricant ou du distributeur sur la base du droit commun et même dans une certaine mesure celle de l'Etat. Le droit civil, le droit pénal, le droit administratif et le droit communautaire serait d'un grand apport pour la protection de la sécurité du consommateur. Mais cette protection dépasse

---

[308] Conférence des nations unies sur le commerce et le développement¹ *Principes directeurs des nations unies pour la protection du consommateur (tel qu'étendus en 1999)*¹ New York et Genève¹ 2001 UNCTAD/DITC/CLP/Misc.21¹ p.3

309Id

310*Exposé des motifs loi n° 2002-23 du 4 septembre 2002*¹ portant cadre de régulation pour *les entreprises concessionnaires de services publics. Disponible sur :* *https://www.ofnac.sn/resources/pdf/Lois/loi%20n%202002-23%20du%204%20septembre%202002%20portant%20cadre%20de%20regulation%20ART P.pdf. Consulté le 07/03/2019.*

largement le seul cadre du droit de la consommation.[311] "Au vu des dispositions de la loi 2002-23, nous avons au Sénégal essentiellement une dizaine d'organes qui ont une mission assimilable à une mission de régulation qu'elle soit horizontale ou sectorielle et dans les divers domaines que sont : les télécommunications et la poste, l'électricité, l'eau, les marchés de consommation, l'audiovisuel, les marchés publics, le transport, les hydrocarbures, et les infrastructures[312]."

Ainsi, entre la théorie et la pratique, le fossé reste encore profond et tous les organes ne jouent pas de manière efficiente, leur rôle de protection des intérêts des consommateurs sénégalais.

2- Quelles menaces potentielles pour le bien-être du consommateur dans l'espace CEDEAO.

En effet, la situation du consommateur par rapport à l'intégration communautaire et à la globalisation que connait le monde ces dernières années est vraiment inquiétante à ce qui concerne les menaces potentielles pour le bien-être du consommateur des pays membres de la CEDEAO. Ainsi, en ce qui concerne le Sénégal, est un pays entièrement intégré dans l'économie de marché. Aujourd'hui, l'intégration régionale montre que le Sénégal fait partie d'organisations communautaires à l'échelle sous régionale et régionale ou continentale (UEMOA, CEDEAO, OHADA, Union Africaine). Mais nous allons nous intéresser surtout sur les deux espaces communautaires à savoir l'UEMOA et la CEDEAO, dont le Sénégal fait figure de puissance économique. Alors, comme dans la plupart des espaces communautaires, la libre circulation des biens et des services est généralement prodigué. Donc, c'est ce qui fera que le consommateur sénégalais sera en contact direct avec des produits venant d'un autre pays de l'espace où peut être l'observation des règles de sécurisation des produits ne respecte pas les normes. Comme la si bien souligné Thomas DIATTA[313], dans ces deux espaces, il n'y a pas à notre connaissance une politique de protection de la sécurité des consommateurs comme c'est le cas

---

311http://sendroit.over-blog.com/article-la-securite-du-consommateur-senegalais-90993080.html. Consulté le 25/02/2019.
312**Limites de la protection des consommateurs par les autorités de régulation** *par* Momar NDAO, 2008. Disponible sur :
https://www.memoireonline.com/11/09/2890/m_Limites-de-la-protection-des-consommateurs-par-les-autorites-de-regulation3.html#toc7. Consulté le 07/03/2019.
313 DIATTA, Thomas. La Sécurité du consommateur sénégalais. Disponible sur:
http://sendroit.over-blog.com/article-la-securite-du-consommateur-senegalais-90993080.html.
Publié le 2 décembre 2011. Consulté le 21/03/2019.

dans l'espace communautaire européen. Mais tout récemment en Novembre 2018, l'atelier, qui s'est ouvert à Ouagadougou, avait comme objectif principal le renforcement du mécanisme de protection des consommateurs en Afrique de façon générale, et dans l'espace communautaire en particulier. Pour ce faire, au cours des travaux, les participants venus des pays membres de la CEDEAO ont validé le cadre réglementaire communautaire pour la protection du consommateur et le mécanisme pour la représentation des consommateurs dans les organes de l'infrastructure qualité de l'institution.[314]

Dans la plupart des cas, l'exigence de la sécurité du consommateur est perçue comme une ratification des droits fondamentaux des consommateurs à la sécurité et à la santé. Mais, il faut signaler qu'il y a peu d'études qui examinent la question de la sécurité du consommateur dans les pays les moins avancés (PMA), notamment celles qui se spécialisent à cet égard dans les pays d'Afrique si on devait faire la comparaison notamment avec les études qui se concentrent principalement sur les pays occidentaux. Cependant, l'Organisation pour l'Harmonisation du Droit des Affaires en Afrique (OHADA) a pour l'objectif principal de permettre une certaine lisibilité, modernité et transparence, relativement à la compréhension, la pratique et l'application judiciaire du droit des affaires.

Pour reprendre les mots de Thomas DIATTA, qui soutient qu':

> A travers des actes uniformes l'OHADA a entendu intervenir dans le droit commercial, le droit des sociétés, les procédures collectives, le droit de la vente, le droit du transport, le droit du travail, le droit comptable et les voies d'exécution. Il s'agit d'un droit des affaires africain fondamentalement économique. C'est ainsi que l'on peut se demander s'il existe un dispositif protecteur des consommateurs et surtout un qui protégerait leur sécurité dans ce droit foncièrement économique. Le droit des affaires étant intimement lié à celui de la consommation, la protection du consommateur est-elle du domaine de la souveraineté des Etats membres ou de l'OHODA ? Si elle est de la compétence de l'OHADA, qu'est-ce qui est faite pour assurer la protection du consommateur, étant donné qu'il existe peu ou presque pas d'encadrement juridique au niveau des Etats membres? Ces observations sont également valables pour l'UEMOA et la CEDEAO[315].

314 Protection du consommateur : La CEDEAO renforce le mécanisme. Disponible sur :https://www.leconomistedufaso.bf/2018/12/03/protection-du-consommateur-la-cedeao-renforce-le-mecanisme/. Consulté le 25/03/2019.
315 La Sécurité du consommateur sénégalais. Disponible sur: http://sendroit.over-blog.com/article-la-securite-du-consommateur-senegalais-90993080.html. Publié le 2 décembre 2011. Consulté le 21/03/2019.

Nous partageons cette analyse de DIATTA, qui montre ici son inquiétude en s'interrogeant sur l'existence vraiment d'un droit qui protégerait la sécurité du consommateur, en particulier du consommateur sénégalais au niveau de l'OHODA, mais aussi valable pour l'UEMOA et la CEDEAO. Puisque leurs objectifs principaux c'est le développement du commerce au niveau de la sous-région et qui entend échanges commerciaux, on s'attend forcement de voir le rôle important que joue le consommateur donc il est primordiale que ces organisations communautaires puissent réfléchir sur des dispositifs de protection de leurs consommateurs et surtout un qui protégerait leur sécurité dans un cadre juridique au niveau des Etats membres. Car selon NGOM, «la politique commune de la concurrence dans l'espace de la CEDEAO doit contribuer de façon directe au bien-être des consommateurs, des populations car favorisant la mise à leur disposition d'une pluralité de produits similaires, concurrents ou directement substituables. Elle devrait également profiter aux entreprises qui vont développer leur clientèle et innover, et ainsi accroître leur compétitivité.»[316]

C'est dans ce contexte que ce dernier atelier de la CEDEAO tenu à Ouagadougou a été très attendu pour la validation du projet de cadre réglementaire communautaire élaboré conformément au guide de l'ONU pour la protection des consommateurs et le mécanisme de désignation des représentants des associations de consommateurs, ainsi en les sensibilisant à la plateforme et qu'ils soient capables de l'utiliser. Donc il s'agit ici de proposer, d'une part, un environnement plus adapté aux activités des organismes indépendants qui œuvrent pour la protection des droits des consommateurs et sont régulièrement à l'origine d'actions visant à informer ou à protéger les consommateurs que nous sommes et, d'autre part, un mécanisme permettant aux associations des consommateurs de la région d'être représentées dans les organes de l'infrastructure qualité régionale. Alors l'élaboration de ce cadre entre en droite ligne de la Politique qualité de la CEDEAO (Ecoqual) adoptée en 2013 par les chefs d'Etat et de gouvernement. Aussi, elle vise à assurer la compétitivité économique de la région à travers la fourniture de biens et services de qualité et de classe mondiale, et la protection appropriée des consommateurs et une préservation de l'environnement, pour un développement durable.[317]

316NGOM Mbissane, « Intégration régionale et politique de la concurrence dans l'espace CEDEAO », Revue internationale de droit économique, 2011/3 (t.XXV), p. 333-349. DOI : 10.3917/ride.253.0333. URL : https://www.cairn.info/revue-internationale-de-droit-economique-2011-3-page-333.htm
317La Sécurité du consommateur sénégalais. Disponible sur: http://sendroit.over-blog.com/article-la-securite-du-consommateur-senegalais-90993080.html. Publié le 2 décembre 2011. Consulté le 21/03/2019.

3- Réflexions autour de la protection des consommateurs de la zone de libre-échange continentale africaine (zlecaf) dans la perspective d'intégration économique communautaire de l'UA.

En effet, la création d'un marché à l'échelle du continent exigera une action volontariste pour réduire tous les coûts commerciaux. Pour cela, il faudra adopter des lois et réglementations permettant aux personnes, aux marchandises, aux capitaux et aux informations de traverser librement les frontières, de créer un environnement commercial compétitif à même de stimuler la productivité et l'investissement, et de promouvoir la compétitivité vis-à-vis de l'extérieur ainsi que les investissements directs étrangers pour favoriser la productivité et l'innovation des entreprises nationales africaines. Cet accord va permettre de réduire les droits de douane entre les pays membres et traitera d'aspects de politique générale liés notamment à la facilitation des échanges et aux services, tout en englobant des dispositions réglementaires telles que les normes sanitaires et les barrières techniques au commerce. Aujourd'hui la mise en œuvre de la ZLECAf permettra de réorganiser les marchés et les économies de la région, mais aussi de stimuler la production dans les secteurs des services, de l'industrie manufacturière et des ressources naturelles.

3.1 Les enjeux et perspectives de la ZLECAf

Ainsi, cet accord vise à créer un marché unique continental pour les biens et les services avec la libre circulation des biens, des personnes et des investissements, identique à celui de l'Union européenne. Selon quelques experts, cela stimulera le commerce en Afrique et renforcera la position du continent dans le commerce mondial ce qui n'est pas le cas jusque-là depuis des décennies.

Ainsi, la ZLECAf est un vaste projet de zone de libre-échange qui a pour objectif de regrouper tous les Etats de l'Union africaine. Pour cela, sera composée des communautés économiques régionales existantes, à savoir la COMESA (Afrique Orientale et Australe), la CAE (Afrique de l'Est), la SADC (Afrique Australe), la CEEA (Afrique Centrale), la CEDEAO (Afrique de l'Ouest), l'UMA (Maghreb) et la CENSAD (Etats Sahelo-Sahariens).

En fait, cette grande concrétisation de la ZLECAf sera particulièrement importante au regard des conséquences économiques causées par la pandémie de COVID-19, qui devrait entraîner jusqu'à 79 milliards de dollars de pertes de production en Afrique pour la seule année 2020 selon la Banque Mondiale[318].

---

[318] Pour plus d'informations consulter le document sur :
https://www.banquemondiale.org/fr/news/press-release/2020/04/09/covid-19-coronavirus-

D'après les études publiées par la Banque Mondiale, il faut noter que, le coronavirus a provoqué des perturbations majeures dans les échanges commerciaux sur le continent, notamment pour des biens essentiels tels que les fournitures médicales et les denrées alimentaires ; en développant le commerce régional, en abaissant le coût des échanges et en rationalisant les procédures aux frontières, la mise en œuvre effective de l'accord aidera les pays africains à renforcer leur résilience face à de futurs défis économiques et à mettre en place des réformes de fond nécessaires pour stimuler la croissance à long terme pour le commerce africain.

Même si l'économie mondiale a sombré face aux bouleversements provoqués par la pandémie de COVID-19, la création de cet imposant marché régional constitue une occasion à saisir par les pays africains pour diversifier leurs exportations, accélérer leur croissance et attirer les investissements directs étrangers. C'est dans ce sens que le rapport de la Banque mondiale, *AZLECAf: Economic and Distributional Effects[319]*, a pour objectif d'aider les dirigeants africains à mettre en œuvre des politiques susceptibles de maximiser les bénéfices potentiels de l'accord tout en minimisant les risques. Car selon les études de la Banque Mondiale, «la création d'un marché à l'échelle du continent exigera une action volontariste pour réduire tous les coûts commerciaux. Par ailleurs, les gouvernements devront s'efforcer de mener des politiques à même de mieux préparer leur main-d'œuvre à tirer parti des nouvelles opportunités».[320]

Pour CAROLINE FREUND, Directrice mondiale du pôle Commerce, investissement et compétitivité, « la création d'un marché unique à l'échelle du continent pour les biens et les services, les affaires et les investissements restructurera les économies africaines. La mise en œuvre de la ZLECAf serait un grand pas en avant pour l'Afrique, en montrant au monde que le continent est en train de devenir un chef de file de la promotion du commerce mondial »[321].

Et selon l'économiste en chef de la Banque mondiale pour l'Afrique monsieur ALBERT ZEUFACK « la Zone de libre-échange continentale

---

drives-sub-saharan-africa-toward-first-recession-in-25-
years#:~:text=L'analyse%20chiffre%20les%20pertes,pays%20fortement%20int%C3%A9gr%C3%A9s%20dans%20les

[319] Document disponible sur :
https://openknowledge.worldbank.org/bitstream/handle/10986/34139/9781464815591.pdf?sequence=4&isAllowed=y. Consulté le 19/01/2021.

[320] Document disponible sur le site de la Banque mondiale sur
:https://www.banquemondiale.org/fr/topic/trade/publication/the-african-continental-free-trade-
area.print.%20Zone%20de%20libre%C3%A9change%20continentale%20africaine%20.%20effets%20%C3%A9conomiques%20et%20redistributifs.%2027%20juillet%202020. Consulté le 19/01/2021.

[321] Ibid.

africaine a la capacité d'accroître les possibilités d'emploi et les revenus, ce qui contribue à élargir les perspectives de tous les Africains. Elle devrait permettre de sortir de la pauvreté modérée environ 68 millions de personnes et de rendre les pays africains plus compétitifs. Néanmoins, la réussite de sa mise en œuvre sera primordiale et il conviendra notamment de suivre attentivement ses effets sur tous les travailleurs — femmes et hommes, qualifiés et non qualifiés — dans tous les pays et secteurs afin de garantir que l'accord porte pleinement ses fruits.[322]»

La ZLECAf élimine les droits de douane sur 90 % des biens produits sur le continent, s'attaque aux obstacles non tarifaires au commerce et garantit la libre circulation des personnes.[323] Comme on peut le voir, le pacte consolide un marché de 1,2 milliard de personnes et un PIB combiné de 2,5 billions de dollars. Donc, ce vaste marché représenterait le plus grand bloc commercial du monde par le nombre de pays participants si tous les États membres de l'UA ratifiaient l'accord. Déjà, une trentaine de pays ont jusqu'à présent ratifié l'accord, alors surement d'autres pays devraient suivre le mouvement lorsque le libre-échange commencera et que ses avantages deviendront tangibles[324].

Cependant, il faut souligner aussi les défis à relever pour la bonne marche de cet accord historique à savoir le manque d'infrastructures de transport modernes et adéquates qui entrave également le désir des commerçants de tirer pleinement parti des avantages du libre-échange. Car, si tous les pays signataires de cet accord comprennent l'urgence de construire «des infrastructures de transport adéquates et une forte intégration, les fabricants de biens de consommation pourraient gagner jusqu'à 326 milliards de dollars par an, selon McKinsey & Company, une société de conseil en gestion basée aux États-Unis»[325]. Alors il est plus qu'important que tous ces pays signataires de l'accord de la ZLECAf, puissent mettre en place l'urgence d'un poste frontière unique pour réduire le temps de circulation des marchandises entre eux.

Selon «la Conférence des Nations unies sur le commerce et le développement, l'entité des Nations unies qui traite des questions d'investissement commercial et de développement, les pays africains pourraient engranger 20 milliards de dollars par an en s'attaquant simplement aux barrières

---

[322] Ibid.
[323] IGHOBOR, KINGSLEY. ZLECA : l'Afrique se prépare au libre-échange dès janvier 2021 Enthousiasme des commerçants malgré les retards au démarrage et la COVID-19, Afrique Renouveau: Novembre-Decembre 2020. Disponible sur :https://www.un.org/africarenewal/fr/magazine/novembre-decembre-2020/zleca-lafrique-se-pr%C3%A9pare-au-libre-%C3%A9change-d%C3%A8s-janvier-2021. Consulté le 19/01/2021.
[324] Ibid.
[325] Ibid.

non tarifaires qui ralentissent la circulation des marchandises» soutient IGHOBOR, KINGSLEY.

Ce qu'il faut encore rappeler est qu'un certain nombre de sous-secteurs dans le domaine des transports, contribuent directement au développement économique et à la réduction de la pauvreté en Afrique. Pour cela, il est primordial que les routes, les chemins de fer, les ports et aéroports, disposant d'un bon réseau de connectivité, soient indispensables pour le maintien de l'activité et de la croissance de nombreux secteurs économiques sur le continent, notamment l'agriculture, l'industrie, l'exploitation minière et le tourisme. Donc, les infrastructures de transport efficaces peuvent également améliorer la prestation et l'accès aux services sociaux essentiels, tels que la santé et l'éducation, et permettent aux citoyens de participer activement au marché de l'emploi car les infrastructures de transport constituent pour les gouvernements et les CER, l'un des moyens de stimulation d'intégration des pays[326].

Parmi les efforts de l'Union africaine (UA) pour stimuler les infrastructures par le biais de son Programme pour le développement des infrastructures en Afrique (PIDA), figure des projets de modernisation et d'expansion portuaires (Expansion du port de Dar es Salaam), investissements ferroviaires (Modernisation du Chemin de fer Dakar-Bamako) la rénovation des corridors routiers (Corridor Abidjan-Lagos).[327] Pour l'Union africaine (UA), tous ces éléments ont un impact majeur sur l'interconnexion du continent et facilitent de manière significative le commerce et l'intégration sur le plan régional. Et selon les explications du *Rapport 16 Projets d'infrastructures pour l'intégration africaine publié en 2016*, la modernisation du Corridor Multimodal, Abidjan - Ouagadougou - Bamako, bénéficiera à plusieurs pays au sein de la Communauté Economique des Etats de l'Afrique de l'Ouest (CEDEAO) et de l'Union Economique et Monétaire Ouest Africaine (UEMOA) et dorénavant á la ZLECAf. Ainsi, elle permettra de simplifier le franchissement des frontières par les personnes et les biens, renforçant ainsi le commerce régional et la réalisation des économies[328].

Mais l'heure est venue d'encourager les différents pays à investir dans des infrastructures portuaires, aéroportuaires et ferroviaires modernes pour ainsi faire de la ZLECAf une réussite et un grand pas vers la lutte contre la pauvreté au niveau du continent.

---

[326] Rapport I6 Projets d'infrastructures pour l'intégration africaine disponible sur : https://www.uneca.org/archive/sites/default/files/PublicationFiles/16-infrastructure-projects_fr.pdf. Consulté le 20/01/2021.
[327] Ibid. p.4.
[328] Ibid.p.4.

Il est aussi important de souligner la place très importante qu'occupent les femmes africaines dans le commerce que ça soit formel ou informel.

Pour rebondir sur un sujet très sensible qui est parfois laissé à l'oubli, comme on peut le constater un peu partout en Afrique, l'implication des femmes dans le commerce intra-africain est à saluer aujourd'hui. C'est dans ce sens que IGHOBOR soutient que:

> Les défis auxquels sont confrontées les femmes commerçantes sont largement évoqués dans les conversations commerciales intra-africaines. Les femmes constituent 70 % des commerçants transfrontaliers informels d'Afrique et, selon une étude réalisée en 2019 par ONU Femmes et intitulée *Opportunities for Women Entrepreneurs in the Context of the AfCFTA*, les commerçantes africaines sont souvent confrontées à la corruption, à l'insécurité et au harcèlement sexuel.
>
> L'accord de la ZLECAf lui-même exige des pays qu'ils protègent les personnes vulnérables, y compris les femmes commerçantes, et qu'ils s'attaquent à la corruption.[329]

Ce problème que rencontre les femmes dans le secteur du commerce doit être pris au sérieux et que la ZLECAf puisse prendre toutes les mesures de protection juridiques et institutionnelles permettant de préserver la liberté des femmes dans la ZLECAf. Donc la prise de conscience du législateur communautaire doit se manifester par sa volonté d'étendre l'ordre public économique de la ZLECAf de sorte à pouvoir intégrer les préoccupations de tous les acteurs économiques y compris les personnes les plus vulnérables, notamment les femmes commerçantes.

En effet, la Zone de libre-échange continentale africaine (ZLECAf) représente aujourd'hui une véritable occasion de stimuler la croissance, de réduire la pauvreté et d'élargir l'inclusion économique dans les pays concernés. D'après les conclusions de la Banque Mondiale, sa mise en œuvre permettrait :

> «de sortir 30 millions d'Africains de l'extrême pauvreté et d'augmenter les revenus de près de 68 millions d'autres personnes qui vivent avec moins de 5,50 dollars par jour ; d'augmenter les revenus de l'Afrique de 450 milliards de dollars d'ici à 2035 (soit une progression de 7 %)

---

[329] IGHOBOR, KINGSLEY. ZLECA : l'Afrique se prépare au libre-échange dès janvier 2021 Enthousiasme des commerçants malgré les retards au démarrage et la COVID-19, Afrique Renouveau: Novembre-Decembre 2020. Disponible sur :https://www.un.org/africarenewal/fr/magazine/novembre-decembre-2020/zleca-lafrique-se-pr%C3%A9pare-au-libre-%C3%A9change-d%C3%A8s-janvier-2021. Consulté le 19/01/2021.

tout en ajoutant 76 milliards de dollars aux revenus du reste du monde ; d'accroître de 560 milliards de dollars les exportations africaines, essentiellement dans le secteur manufacturier ; de favoriser une progression salariale plus importante pour les femmes (+10,5 %) que pour les hommes (+9,9 %) ; d'augmenter de 10,3 % le salaire des travailleurs non qualifiés et de 9,8 % celui des travailleurs qualifiés. Dans le cadre de la ZLECAf, l'extrême pauvreté diminuerait sur l'ensemble du continent, les améliorations les plus importantes se produisant dans les pays où les taux de pauvreté sont aujourd'hui très élevés : l'Afrique de l'Ouest connaîtrait la plus forte diminution du nombre de personnes vivant dans l'extrême pauvreté, avec une baisse de 12 millions (plus d'un tiers du total pour l'ensemble de l'Afrique) ; la baisse serait de 9,3 millions en Afrique centrale ; la baisse serait de 4,8 millions en Afrique de l'Est ; la baisse serait de 3,9 millions en Afrique australe ; les pays dont les niveaux de pauvreté initiaux sont les plus élevés enregistreraient les plus fortes baisses ; en Guinée-Bissau, le taux de pauvreté passerait de 37,9 à 27,7 % ; au Mali, le taux passerait de 14,4 à 6,8 % ; au Togo, le taux passerait de 24,1 à 16,9 %.»[330]

La concrétisation de cet accord de création de zone de libre-échange continentale africaine va dynamiser un peu plus les échanges commerciaux entre les pays africains qui aujourd'hui sont évalués à seulement 16%. Donc très faible et encore loin derrière l'UE ou encore le Mercosur. Selon le rapport de la Banque Mondiale, l'objectif est ambitieux et le chantier important, supprimer les frontières géographiques et les barrières douanières d'un marché à un milliard deux cents millions de consommateurs, demandera des efforts et du temps pour mettre en place ce projet phare de l'Agenda 2063 de l'Union Africaine[331].

3.2 Les mesures juridiques et institutionnelles pour la protection des consommateurs de la ZLECAf

En effet, le passage d'une société industrialisée à une société de consommation développera, à partir des années 1960, l'idée qu'il était nécessaire de protéger une nouvelle catégorie de cocontractants. Cette nouvelle approche appelée «*consumérisme*», vit le jour aux Etats Unis sous l'influence de

---

[330] Document disponible sur le site de la Banque mondiale sur :https://www.banquemondiale.org/fr/topic/trade/publication/the-african-continental-free-trade-area.print.%20Zone%20de%20libre%C3%A9change%20continentale%20africaine%20:%20effets%20%C3%A9conomiques%20et%20redistributifs.%2027%20juillet%202020. Consulté le 19/01/2021.
[331] Ibid.

grands auteurs comme Herbert MARCUSE[332], John Kenneth GALBRAITH[333] et tant d'autres. Selon Herbert Marcuse « la rationalité, le progrès et le développement de la société sont irrationnels dans leur principe » ; et qu'elle soit approuvée par la population qu'elle a conditionnée ne change en rien son caractère irrationnel et sa nocivité fondamentale, donc il met impartialement en cause cette même société. Car selon l'auteur, le conditionnement a eu pour effet de substituer au sens de l'intérêt réel celui de l'intérêt immédiat, et la fausse conscience à la vraie conscience.

Alors sans tarder, les politiques vont aussi s'introduire dans le débat et comme on peut le constater dans son célèbre discours sur l'état de l'Union prononcé le 15 mars 1962, le Président américain John Fitzgerald KENNEDY devait reconnaître aux consommateurs des droits positifs sur les professionnels et énonce les quatre droits fondamentaux du consommateur notamment : le droit à la sécurité, le droit à l'information, le droit de choisir et le droit d'être entendu. Ces droits s'étendent à chacun d'entre nous, puisque « nous sommes tous des consommateurs », avait-il dit.[334]

Dans cette partie nous allons nous intéresser sur quelques concepts à savoir le concept de la «protection des consommateurs», le concept de « bien-être» et le concept de la « qualité ». Ainsi, ces concepts ont été développés par ZOUNGRANA dans sa recherche de thèse publiée en 2016.

Selon ZOUNGRANA, on entend par « protection des consommateurs », «toutes les mesures juridiques et institutionnelles permettant de préserver la liberté de choix des produits et des professionnels, les intérêts économiques, la qualité et la sécurité sanitaire des produits, la santé et le bien-être des consommateurs, l'équilibre contractuel ainsi que toutes celles relatives aux modalités de règlement des contentieux de la consommation dans un contexte de libéralisme économique»[335]. Pour ZOUNGRANA, l'appréhension de l'expression « protection des consommateurs » permet de mettre en évidence les objectifs du droit de la consommation. Et d'après son analyse, les ambitions du droit de la consommation ne semblent pas considérablement évoluer dans le temps, ni dans l'espace mais garde la même mission principale qui est d'assurer un ordre public économique et social.

[332] L'homme unidimensionnel: essai sur l'idéologie de la société industrielle avancée. Traduit de l'anglais par 1964, traduction française de Monique Wittig, Les Editions de minuit.
[333] L'ère de l'opulence, 1958, traduction française publiée en 1961 chez Calmann-Lévy.
[334] WIEVORKA, M. Justice et Consommation. La Documentation Française, 1976.
[335] Ibrahim Zoungrana. Réflexions autour de la protection des consommateurs de la zone UEMOA dans sa perspective d'intégration économique communautaire : Étude comparative avec le droit européen (Français). Droit. Université de Perpignan, 2016. Français. ffNNT : 2016PERP0030ff. fftel-01453166

ZOUNGRANA veut démontrer ici que, le droit de la consommation ne doit plus se limiter aux seules mesures préventives des lois de police comme on a l'habitude de le voir en Afrique. Mais selon lui, le droit de la consommation doit être aussi et surtout un droit curatif qui doit apporter des innovations comme de nouvelles techniques de règlement non juridictionnel des litiges relatifs à la consommation et des mécanismes de défense collective pour la protection des intérêts des consommateurs.

ZOUNGRANA affirmait que «les besoins de consommation sont par essence des faits sociaux. De ce fait, toute tentative d'appréciation du concept de « bien-être » avec une extrême précision s'avèrerait a priori difficile»[336]. Selon l'auteur, le concept de « bien-être » se rapportant à la consommation est une situation relativement complexe à apprécier. Ainsi, son appréciation ne pourrait se faire indépendamment du contexte socio-économique des consommateurs»[337].

ZOUNGRANA concluait en soutenant que le concept du « bien-être » peut se résumer théoriquement en une consommation saine. Et que, cette dernière consiste pour le législateur à imposer aux professionnels de fournir aux consommateurs des produits et des services de qualité raisonnablement irréprochable sur le marché commun»[338].

Suivant la thèse de ZOUNGRANA, on peut dire que l'urgence aujourd'hui avec l'accord de la ZLECAf, est que le législateur communautaire soit conscient qu'il doit essayer de concilier l'ouverture des marchés avec des garanties maximales de protection de la santé des consommateurs, cela dans l'optique d'éviter non seulement les abus des professionnels de la ZLECAf. Alors, cette prise de conscience du législateur communautaire doit aussi se manifester par sa volonté d'étendre l'ordre public économique de la ZLECAf de sorte à pouvoir intégrer les préoccupations de tous les acteurs économiques (Etats, entreprises et consommateurs) et de concilier celles-ci avec une intégration économique réussie. Mais il est aussi très important de souligner un aspect très présent dans ce secteur qui est «le protectionnisme» sous ses diverses formes de la part des États signataires dans leur politique nationale de protection des consommateurs, le législateur communautaire doit impérativement juger nécessaire de prendre le dessus sur ceux des États dans les aspects concourant à préserver la qualité et la sécurité sanitaire des produits au sein de la ZLECAf.

La ZLECAf doit disposer par exemple d'un schéma d'harmonisation des activités d'accréditation, de certification, de normalisation et de la métrologie. Ce qui contribuera à améliorer les échanges des produits et des services tant

---

[336] Ibid.p.116.
[337] Ibid.p.116.
[338] Ibid.p.116.

dans la ZLECAf qu'au plan international, et à constituer le cadre d'actions visant à approfondir et à consolider le marché commun tout en assurant une meilleure protection des agents économiques et notamment des consommateurs qui sont les plus vulnérables.

Il faut rappeler qu'une bonne et sérieuse harmonisation de ces domaines très sensibles et stratégiques est d'une nécessité incontestable dans le cadre de la protection de la santé des consommateurs d'un même espace économique. C'est dans ce contexte que ZOUNGRANA déclarait qu':

> « Il serait utile de rappeler brièvement que la problématique relative à la qualité et à la sécurité sanitaire des produits, bien que relevant traditionnellement du domaine de l'ordre public économique des États, demeure de nos jours une préoccupation communautaire, voire internationale. En effet, les précédentes crises alimentaires et sanitaires notamment, la crise de la vache folle, la crise du poulet à dioxine, l'épidémie de grippe aviaire et de la grippe porcine, le scandale du lait frelaté à la mélamine, et tout récemment l'épidémie de l'Ebola en Afrique ont fait de la question de la santé des consommateurs un problème qui dépasse le cadre des frontières nationales.»[339]

ZOUNGRANA montre ici la préoccupation et surtout l'urgence sur la problématique relative à la qualité et à la sécurité sanitaire des produits mis à la disposition des consommateurs. Car selon lui, il existe donc autant de besoins de consommer que de qualité de produit mis sur le marché. Il soutient que tout produit mis en circulation sur le marché doit répondre à un certain nombre d'exigences ou de prescriptions techniques qui rendent sa consommation sans aucun danger pour la santé des consommateurs[340].

Ainsi, la notion de «qualité» peut être traduite comme un « produit sûr »[341] et définie comme « toute denrée alimentaire, agricole ou d'origine agricole destinée à l'alimentation humaine ou animale qui, dans des conditions d'utilisation normale ou raisonnablement prévisibles, ne présente aucun risque ou seulement un risque réduit à un niveau considéré comme acceptable, compte tenu des connaissances du moment »[342]

---

[339] Ibid.p.119
[340] Ibid.p.123.
[341] Ibid.p.122.
[342] Voir l'article 1 du chapitre préliminaire du Règlement 07/CM/UEMOA/2007 relatif à la sécurité sanitaire des végétaux, animaux et aliments. Upload : Ibrahim Zoungrana. Réflexions autour de la protection des consommateurs de la zone UEMOA dans sa perspective d'intégration économique communautaire : Étude comparative avec le droit europén

En fait, selon ZOUNGRANA on peut apprécier différemment la « qualité » du moment où il s'agit d'un bien ou d'un service. Pour les produits ou les biens en général :

> «La qualité s'évalue en termes de goût, d'aspect et de texture, de qualités nutritionnelles ou encore de durée de conservation. Certaines de ces caractéristiques seront également importantes pour les médicaments, à côté de la composition chimique et des propriétés médicinales. Pour un produit électronique, d'autres aspects seront pris en compte : performance, fiabilité, sécurité, ou encore facilité d'utilisation et aspect visuel du produit ». Quant aux services, « il peut être question, entre autres facteurs, de la compétence du prestataire, d'accessibilité, d'efficacité ou encore de satisfaction du client »[343]

Par exemple au Sénégal ou encore dans beaucoup de pays africains, les consommateurs sont de plus en plus attirés par la qualité, malgré les difficultés économiques. Aujourd'hui, les consommateurs utilisent d'autres moyens en privilégiant la consommation d'aliments peu chers, comme le riz, les pâtes, le poisson ou encore en achetant moins, notamment sur certains produits comme la viande.

En ce qui concerne la qualité des autres produits ou services, les interrogations ne cessent d'animer les consommateurs à savoir comment peut-on définir la qualité d'un produit ? Pourrait-il y avoir une différence entre ce que le consommateur déclare et ce qu'il achète dans la réalité ?

Pour répondre à cette question nous nous approchons des idées développées par STANZIANI comme quoi, «pour certains, la libre concurrence conduit à une relation entre prix et qualités qui assure une minimisation des coûts de production, de transaction (le prix reflète la qualité) et donc une distribution efficace des ressources. Pour d'autres, au contraire, la santé publique et les difficultés de circulation de l'information, et, à partir de là, les effets de contrôle des marchés par les lobbies ne sont pas pris en compte»[344].

Selon STANZIANI, la qualification des produits renvoie donc à l'un des enjeux principaux des débats politiques, depuis au moins trois siècles, à savoir la

---

(Français). Droit. Université de Perpignan, 2016. Français. ffNNT : 2016PERP0030ff. fftel-01453166

[343] Ibrahim Zoungrana. Réflexions autour de la protection des consommateurs de la zone UEMOA dans sa perspective d'intégration économique communautaire : Étude comparative avec le droit europén (Français). Droit. Université de Perpignan, 2016. Français. ffNNT : 2016PERP0030ff. fftel-01453166.p.123.

[344] Stanziani Alessandro, « La définition de la qualité des produits dans une économie de marché », *L'Économie politique*, 2008/1 (n° 37), p. 95-112. DOI : 10.3917/leco.037.0095. URL : https://www.cairn.info/revue-l-economie-politique-2008-1-page-95.htm

capacité des marchés à se coordonner ou non par le seul biais de la concurrence. Donc il soutient que, les partisans du modèle concurrentiel prennent l'exemple de la qualité des produits pour montrer que le marché parvient à faire correspondre les prix aux qualités. Ce qu'il qualifie comme une variante moins extrême de cette approche est celle qui consiste à dire que le marché assure une circulation imparfaite de l'information et que, de ce fait, il est nécessaire d'imposer des signes de qualité, des labels et des étiquettes permettant de surmonter cette situation[345]. Alors le plus important dans cette lutte, reste à savoir comment convaincre le consommateur de la qualité des produits qu'il achète. Car aujourd'hui les marches et mentalités des populations ont changé donc une chose est sûre, le client va désormais réclamer des informations pour être rassurer sur sa sécurité ou encore son droit à la protection et a l'information. Même si le Sénégal a mis en place un dispositif exceptionnel de protection des consommateurs, on se rend compte que la sécurité du consommateur sénégalais n'est pas pleinement garantie.

Pourtant, face à la vulnérabilité croissante des consommateurs face aux technologies de pointe et aux compétences commerciales, l'information et la protection des consommateurs devraient être plus que jamais renforcées. Il est également nécessaire de disposer d'informations comparables, fiables et faciles à utiliser, de collecter des données fiables sur la manière dont le marché sert les intérêts des consommateurs, de responsabiliser les organisations de défense des consommateurs, en particulier dans certains pays membres, et d'améliorer les informations et outils pédagogiques utilisés. Il faut également rappeler la nécessité de renforcer les droits des consommateurs, en particulier dans un contexte transfrontalier.

Concernant la ZLECAF, la tâche des législateurs nationaux dans leur quête de protection du bien-être des consommateurs deviendra de plus en plus difficile face à ce pacte qui consolide un marché de 1,2 milliard de personnes. Déjà, ce vaste marché représenterait le plus grand bloc commercial du monde par le nombre de pays participants si tous les États membres de l'UA ratifiaient l'accord. Le législateur communautaire doit donc être conscient que l'ouverture de ce marché commun est une assurance de la diversité des choix de produits, mais peut aussi être l'occasion pour les professionnels de commercialiser des produits hors des territoires nationaux susceptibles de nuire à la santé des consommateurs. Les Etats doivent respecter le principe du libéralisme économique pour assurer aux consommateurs des produits d'une qualité irréprochable et qui ne nuiront pas à leur santé.

---

[345] Ibid.p.2.

VI- CONCLUSION

Nous avons dans ce travail tenter non seulement d'identifier et de comprendre les orientations politiques qui ont mené le développement économique de la plus part des pays de l'Afrique de l'Ouest dans la situation chaotique qui le caractérise aujourd'hui mais aussi d'évaluer les perspectives d'avenir sur lesquelles les autorités comptent pour sortir les pays de la CEDEAO du sous-développement chronique et placer le secteur économique sur la voie du développement. En construisant notre cadre théorique autour des travaux de plusieurs auteurs cités dans notre étude, nous avons pu tester notre hypothèse de départ.

Ainsi, nous avons pu démontrer comment, la politique dirigiste des différents gouvernements des pays de l'Afrique de l'Ouest, font faillites au développement économique et social à cause de la fragilité de leur démocratie, mais aussi des défaillances institutionnelles. Car cette démocratie africaine qui a été empruntée de l'occident depuis les indépendances, parfois pose un problème de compatibilité avec les réalités des pays africains en général. Puis, nous avons constaté que les échanges commerciaux entre les pays de la CEDEAO sont très limités à cause du déficit infrastructurel, le manque de technologie moderne et les taxes élevées au niveau des frontières. Nous avons ensuite vu qu'en Afrique, l'absence aujourd'hui d'un tel fondement, d'une telle authenticité du développement économique, prenant ses racines dans nos sociétés, constitue à la fois une grave lacune et un handicap sérieux. Le modèle occidental n'a pas un pouvoir d'élucidation général et universel. Mais, en empruntant cette voie sans en maîtriser les rouages essentiels, l'Afrique court le risque de se noyer sans même pouvoir compenser cette perte par un bien-être matériel quelconque. Alors il faut noter que les sociétés africaines n'ont pas la même culture que les sociétés occidentales : les nôtres privilégient la sociabilité dans la vie du groupe, valorisent la communauté et se présentent comme essentiellement humanistes. Les rapports entre l'individu et la nature y sont différents. Il en va de même de la conception du temps. Les rapports entre personnes occupent une place plus importante que les rapports entre rôles ; et les gens se définissent par leurs fonctions et non par leurs accomplissements. De ce fait, nous pensons que parmi les défis majeurs que les Etats africains doivent se focaliser pour booster l'économie, c'est le domaine de l'industrie qui est vraiment en retard dans ces Etats. Car si ces chefs d'Etats se mettent tous au travail pour développer ce secteur, l'industrialisation devrait résoudre ce problème en encourageant la diversification économique, en assurant un partage plus équitable des fruits de la croissance et en rendant plus efficace l'utilisation des abondantes ressources naturelles, minérales, matérielles et humaines du continent, et ainsi favoriser l'éradication de la pauvreté et la transformation structurelle des économies africaines restées des décennies sans progression. Pour y arriver, il faut concevoir des politiques commerciales efficaces, les mettre activement en œuvre, et les accompagner régulièrement de contrôles et d'évaluations rigoureux. Ainsi l'Afrique pourrait tirer parti de ses ressources abondantes et diversifiées, notamment agricoles et minérales, pour son industrialisation. Dans cette perspective d'un avenir meilleur, il serait pertinent de se pencher plus longuement sur l'essor du secteur agricole et industriel. Comme nous l'avons vu dans le quatrième chapitre, l'expansion des entreprises privées dans le secteur agricole et industriel s'accompagne de l'émergence d'un nouveau type de producteurs reconverti pour stimuler le commerce international et assurer le développement. D'une manière générale, les économistes, sociologues et politicologues africains doivent coopérer étroitement à la définition du développement africain. Ce faisant, ils doivent faire œuvre d'imagination, de création et d'innovation pour permettre à nos sociétés d'assumer leur différence. Leur travail consiste à préserver et à forger l'espace culturel sans lequel l'Afrique de l'Ouest sera tout au plus un marché à conquérir. Il serait de ce fait intéressant de déterminer comment notre cadre théorique pourrait être réévalué afin qu'il soit en mesure d'appréhender ce phénomène. Par exemple, on pourrait se questionner sur les dynamiques qui entourent le développement économique et social des pays de l'Afrique de l'Ouest tout en se demandant si l'intégration régionale, dans ses différentes formes, peut être un nouvel outil efficace pour la réduction de la pauvreté au niveau de la sous-région ou au contraire, s'il s'agit d'un phénomène qui vient l'accentuer. Cette question qui n'a pas fait l'objet de notre étude mériterait sans aucun doute d'être approfondie dans le cadre d'un autre travail de recherche.

VII- REFERENCES

MONOGRAPHIES

ADDA, Jacques. - **La mondialisation de l'économie : de la genèse à la crise.** 8e éd. revue et augmentée. - Paris : La Découverte, 2012.

ACEMOGLU, Daron. ROBINSON, James A. **Why Nations Fail: The Origins of Power, Prosperity, and Poverty**, 2012. p.65

ASCHAUER, D.A. (1989) **Is Public Expenditure Productive?** Journal of Monetary Economics, 23, 177-200. https://doi.org/10.1016/0304-3932(89)90047-0.

BANGUI Thierry, « **La Chine, un nouveau partenaire de développement de l'Afrique : vers la fin des privilèges européens sur le continent noir ?** », L'Harmattan, 2009.

BARRO R.J « **Governement spending in a simple model of endogenous growth** », Journal of Political Economy, (1990): p 103-125.

BARRO, R. J., SALA-I-MARTIN, X.:«**Convergence across States and Regions**», Brookings Parpers on Eonomic Activity, (1991) 1, pp. 107-182

BAYART Jean-François, Hibou Béatrice, Samuel Boris, « **L'Afrique « cent ans après les indépendances » : vers quel gouvernement politique?** », Politique africaine, 2010/3 (N° 119), p. 129-157. DOI : 10.3917/polaf.119.0129. URL : https://www.cairn.info/revue-politique-africaine-2010-3-page-129.htm. Récupéré le 20/02/2018.

BIZAWU, Sébastien Kiwonghi, **Tribunal Penal Internacional e Sustentabilidade** :Avanços e Desafios do Direito Internacional na Era de Conflitos e de Mudanças Ambientais nos Grandes Lagos.1ªEdição – Curitiba-2016. Instituto Memória Editora. p. 116.

BOAFO-ARTHUR, Kwame, in **"DEMOCRACY AND STABILITY IN WEST AFRICA: The Ghanaian Experience**, 2008, p.10.

BOBBIO, Norberto.**O futuro da democracia; uma defesa das regras do jogo** /Norberto Bobbio; tradução de Marco Aurélio Nogueira. Rio de Janeiro: Paz e Terra, 1986.

CERVO, A.L. **Relações internacionais do Brasil: um balanço da era Cardoso**, Revista Brasileira de Política Internacional, Brasília, v. 45, n. 1, 2002.

DELCOURT, Laurent. **La Chine en Afrique : enjeux et perspectives**. Alternatives sud, vol. 18-2011 / 7.

DE QUIRINI, Pierre. **Expliquez-moi la démocratie**, éd. CEPAS, Zaïre, 1987, P. 7

ETEKOU, Bedi Yves Stanislas. L'alternance d´emocratique dans les Etats d'Afrique francophone. Law. Universit´e Paris-Est, 2013. French. <NNT : 2013PEST0091>. <tel-01124350>

FANON, F. **Les damnés de la terre**, éd. La Découverte, Paris, p.151.

FAURE Yves-André. **Les constitutions et l'exercice du pouvoir en Afrique noire : pour une lecture différente des textes**, Paris, Economica, 1984, p. 214-230. 10.

FERREIRA MIGON, Eduardo Xavier, DOS SANTOS,Carlos Alexandre Geovanini . **África & Brasil: Parceria para o desenvolvimento**. 2013.

FINDLAY R. et O'ROURKE K. H., **Power and Plenty. Trade, War and the World Economy in the Second Millennium**, Princeton University Press, Princeton, 2007.

GALBRAITH, John Kenneth. **L'ère de l'opulence**, 1958, traduction française publiée en 1961 chez Calmann-Lévy.

HABERMAS, Jürgen, **Droit et Démocratie**, ibid., p. 123 ; L'intégration Républicaine, 1997.op. cit., p. 58.

HEITZ, Kathrin. « **Décolonisation et construction nationale au Sénégal** », Relations internationales, vol. 133, no. 1, 2008, pp. 41-52.

HOBSBAWN, Eric J. **A era dos Extremos:** obreve século XX :1914-1991.2ª Edição, São Paulo: Companhia das Letras, 1995

HOBSBAWN, Eric J. **A era dos impérios** :1875-1914, 3ª Edição Rio de Janeiro: Paz e Terra ,1988.

HOBSBAWM, Eric J, **L'Empire, la démocratie, le terrorisme**, 2009

Huwart, Jean-Yves ; Verdier, Loïc. - **La mondialisation économique** : **origines et conséquences**. Paris : OCDE, 2013. - 171 p.

KELSEN, Hans. **A democracia**. Tradução de Ivone Castilho Benedetti, Jefferson Luiz Camargo, Marcelo Brandão Cipolla, Vera Barkow. São Paulo: Martins Fontes, 2000.

LOI PHAN, Duc. **L'économie mondiale**: entre le libre-échange et le protectionnisme.1993, p.24.

LOROT, Pascal, La **géoéconomie, nouvelle grammaire des rivalités internationales** .2007.

MARCUSE, Herbert. **L'homme unidimensionnel**: **essai sur l'idéologie de la société industrielle avancée**. Traduit de l'anglais par 1964, traduction française de Monique Wittig, Les Editions de minuit.

MELLO, Celso D. De Albuquerque, **Curso de Direito Internacional Público,** 15ª.ed (ver. e aum)- Rio de Janeiro, 2004.

MILANOVIC, Branko . **Global Inequality. A New Approach for the Age of Globalization, Cambridge**, Harvard University Press, 2016, 320 p., ISBN : 9780674737136.

MOUFFE, Chantal. **The Return of the Political**. London: Verso, 1993.

NGOM, Mbissane. « **Intégration régionale et politique de la concurrence dans l'espace CEDEAO** », Revue internationale de droit économique, vol. t.xxv, no. 3, 2011, pp. 333-349.

ORWELL, George. **Ecrits politiques***: **Sur le socialisme, les intellectuels et la démocratie.** (1928-1949). Editeur : Agone Collection : BANC D'ESSAIS, Marseille.

POLÉRE, Cédric. **Démocratie de quoi parle-t-on?** Avril 2007.

Porter M., (1995), **The competitive advantage of the inner city**, Harvard Business Review, may, 55-71.

Pourtier, R. **Afriques noires**. Paris, Hachette, 2001, 256 p., (Coll. Carré Géographie).

QUANTIN Patrick, « **La démocratie en Afrique à la recherche d'un modèle** », Pouvoirs, 2009/2 (n° 129), p. 65-76. DOI : 10.3917/pouv.129.0065. URL : https://www.cairn.info/revue-pouvoirs-2009-2-page-65.htm.

Robert E. LUCAS, Jr. **On The Mechanics of Economic Development**, Journal of Monetary Economics 22 (1988) 3-42. North-Holland

Romer, P.M.: **"Increasing returns and long-run growth"**, journal of political economy, 1986

ROUSSEAU, Jean-Jacques - 1712-1778 - **Du Contrat Social.** Édition : Amsterdam : M. M. Rey , 1762.

RZEPECKI, Nathalie. *Droit de la consommation et théorie générale du contrat.*Nouvelle édition [en ligne]. Aix-en-Provence : Presses universitaires d'Aix-Marseille, 2002 (généré le 27 février 2019). Disponible sur Internet : <http://books.openedition.org/puam/479>. ISBN : 9782821853379. DOI : 10.4000/books.puam.479.

STANZIANI, Alessandro, « **La définition de la qualité des produits dans une économie de marché** », *L'Économie politique*, 2008/1 (n° 37), p. 95-112. DOI : 10.3917/leco.037.0095. URL : https://www.cairn.info/revue-l-economie-politique-2008-1-page-95.htm.

STIGLITZ ,JOSEPH E, **Globalização: como dar certo**. Edição brasileira, 2007

STIGLITZ ,JOSEPH E. **La grande désillusion**. Paris, Fayard. 2002

SCHULDERS Guy, **Commerce international : la dynamique des rapports de forces**, Paris, Harmattan, 1992.

SCHAFF, Jacques. **Le génocide des Tutsi du Rwanda dans les manuels scolaires français de 1995 à 2014**. Ed. 2014.

SEN, Amartya. **Development as Freedom**. 1999.

SYLLA, Fodé, Almamy. **L'itinéraire sanglant**. ERTI, 1985 - 191 pages.

THOMAS, Antoine Léonard. **Esprit, maximes et principes de Thomas** (1788). Ed, Hachette Bnf. Paris, 2019.

TOURAINE, Alain. **Qu'est-ce que la démocratie?** Paris Fayard, 19994, p.297.

WEISS, Pierre. **Le Système des Nations Unies Paris**, Nathan Université, 2000, p128.

WIEVORKA, M. **Justice et Consommation**. La Documentation Française, 1976.

YACINE-TOURÉ, Ben. **Chapitre II. L'État africain et le développement économique In : Afrique : l'épreuve de l'indépendance** [en ligne]. Genève : Graduate Institute Publications, 1983. Disponible sur Internet : <http://books.openedition.org/iheid/4339>. ISBN : 9782940549450. DOI : 10.4000/books.iheid.4339. Récupéré le 02/12/201.

ZINGALES, Luigi. *A capitalism for the people recapturing the lost genius of american prosperity*. New York, NY: Basic Book, 2012.

ARTICLES DE REVUES SPÉCIALISÉES

Articles par benkouiderY, **L'Afrique Subsaharienne, les freins au développement**, 2015. Disponible sur : http://www.geolinks.fr/geopolitique/lafrique-subsaharienne-les-freins-au-developpement/. Récupéré le 20/02/2018.

BALDWIN, Richard. **Trade And Industrialisation After Globalisation's 2nd Unbundling: How Building And Joining A Supply Chain Are Different And Why It Matters**. NBER Working Paper No. 17716. Issued in December 2011, Revised in January 2013.

BAKOUMA, Jean. **Contraintes et freins au commerce intra-africain de bois**, 2007. Article disponible sur: http://www.jeanbakouma.com/Textes/Contraintes%20et%20freins%20au%20commerce.pdf. Récupéré le 18/02/2018.

BARTESAGHI, Ignacio , MANGANA, Susana . **Les relations commerciales entre l'Afrique et le Mercosur: Etude de cas du Brésil** . 6 May 2013. Article disponible sur:https://www.ictsd.org/bridges-news/passerelles/news/les-relations-commerciales-entre-l%E2%80%99afrique-et-le-mercosur-etude-de-cas. Consulté le 21/11/2017.

BEN ACHOUR, RIM. **ETAT DE LA QUESTION POUR OU CONTRE LE VOTE**

OBLIGATOIRE ? Article disponible sur : http://www.iev.be/getattachment/04267ce6-9f77-4518-9bd5-b4b7d1bc174c/Pour-ou-contre-le-vote-obligatoire--.aspx. Consulté le 02/12/2017.

BORDESSOULE, Eric. **L'État-nation en Afrique subsaharienne, un modèle en crise** ?, 2006. Article disponible sur : http://geoconfluences.ens-lyon.fr/doc/etpays/Afsubsah/AfsubsahScient.htm. Récupéré le 20/10/2017.

COULON, Christian. **Politique Africaine n°45 : Sénégal, la démocratie à l'épreuve**. 1992.

CISSE, Losseni. **La problématique de l'Etat de droit en Afrique de l'ouest : analyse comparée de la situation de la Côte d'Ivoire, de la Mauritanie, du Libéria et de la Sierra Léone**. Droit. Université Paris-Est, 2009. Français.

DELMON, Jeffrey. **Programmes de Partenariats Public-Privé : Créer un Cadre pour les Investissements du Secteur privé dans les Infrastructures** .2014 Disponible sur :http://documents.worldbank.org/curated/en/470811468196195127/pdf/106538-FRENCH-WP-P145650-PUBLIC-see-email-for-abstract.pdf. Consulté le 15/02/2018.

DIOP, Makhtar, Yuan Li, Li Yong, H.E. Ato Ahmed Shide China Daily, http://www.banquemondiale.org/fr/news/opinion/2015/06/30/africa-still-poised-to-become-the-next-great-investment-destination. Consulté le 15/02/2018.

Françoise, Nicolas - **Le commerce international au XXIe siècle** : dossier in : Politique étrangère, n°4, 2012, hiver, p. 784-831c.

LATSA, Alexandre , **Printemps arabe: l'échec de la démocratie en Orient**? 2013, Disponible sur : https://www.mondialisation.ca/printemps-arabe-lechec-de-la-democratie-en-orient/5342311. Récupéré le 19/02/2018.

DUBE, Memory , KANYIMBO,Patrick .**Faire de la facilitation des échanges un moteur du programme d'intégration régionale de l'Afrique** .30 May 2017. Article disponible sur : https://www.ictsd.org/bridges-news/passerelles/news/faire-de-la-facilitation-des-%C3%A9changes-un-moteur-du-programme-d. Consulté 20/11/2017.

GUÈYE, Babacar, « **La démocratie en Afrique : succès et résistances** », Pouvoirs, 2009/2 (n° 129), p. 5-26. DOI : 10.3917/pouv.129.0005. URL :https://www.cairn.info/revue-pouvoirs-2009-2-page-5.htm. Consulté le 22/11/2017.

NGARAMBE, François Xavier. **Discussion sur les enjeux des négociations de l'OMC pour l'Afrique avec François Xavier Ngarambe**, Ambassadeur du Rwanda

15 November 2017. Article disponible sur : https://www.ictsd.org/bridges-news/passerelles/news/discussion-sur-les-enjeux-des-n%C3%A9gociations-de-l%E2%80%99omc-pour-l%E2%80%99afrique. Consulté le 21/11/2017.

KASSE, M. **Le NEPAD et les enjeux du développement en Afrique**, 2003.

MAGRIN, Géraud, « **L'Afrique sub-saharienne face aux famines énergétiques** », EchoGéo[En ligne], 3 | 2007, mis en ligne le 28 février 2008, . URL : http://journals.openedition.org/echogeo/1976 ; DOI : 10.4000/echogeo.1976. Consulté le 17 février 2018.

MALEK, Jihène. **Les infrastructures d'innovation et croissance économique en Afrique**. 2014.

Ngattai-lam Merdan, **Échanges commerciaux et intégration économique régionale : Cas de la CEMAC**, 2015. Article disponible sur: http://www.croset-td.org/2015/09/echanges-commerciaux-et-integration-regionale-cas-de-la-cemac/

NGOM, Mbissane. **Intégration régionale et politique de la concurrence dans l'espace CEDEAO**. Dans Revue internationale de droit économique 2011/3 (t.XXV). Article disponible sur: https://www.cairn.info/load_pdf.php?ID_ARTICLE=RIDE_253_0333. Récupéré le 18/02/2018.

ROBERT E. LUCAS, Jr. **ON THE MECHANICS OF ECONOMIC DEVELOPMENT**, Journal of Monetary Economics 22 (1988) 3-42. North-Holland

ROMER, P.M.: "**Increasing returns and long-run growth**", journal of political economy, 1986

SANOGO, **Moussa Alassane, Quelle démocratie en Afrique de l'ouest francophone** ? *Un article d'Imani francophone,* 31 Janvier 2016.Disponível em:https://www.contrepoints.org/2016/01/31/236697-quelle-democratie-en-afrique-de-louest-francophone. *Récupéré le 20/10/2017.*

SARR, Mamadou. **L'aide pour le commerce peut-elle contribuer à la facilitation du commerce des pays africains** ? 30 June 2015 Article disponible sur : https://www.ictsd.org/about-us/mamadou-sarr. Consulté 20/11/2017.

SOUFRE ,Gilles, **L'intégration commerciale régionale en Afrique de l'Ouest : le cas de l'UEMOA et de la CEDEAO**, African in the wold trade, Paris, Septembre 2007.

VENGO, Erik Vekamenako , **Analyse des performances commerciales de l'Afrique et de son intégration au commerce international**, 2006. https://www.memoireonline.com/07/10/3711/m_Analyse-des-performances-commerciales-de-lAfrique-et-de-son-integration-au-commerce-internat12.html. consulté le 15/02/2018

WAMA, Marobe. **Afrique: Est-ce que la démocratie garantit le développement?** 2014. Artile disponible sur :http://www.libreafrique.org/MarobeWama-democratie-101014. Récupéré le 19/02/2018.

TAMBA, Moustapha. *Mutations politiques au Sénégal*: Bilan de cinquante ans d'indépendance (1960 – 2010). 2011. Disponible sur : https://www.kas.de/c/document_library/get_file?uuid=d7b21536-41a3-ebf2-b9d1-4590e4827178&groupId=252038. Consulté le 10/08/2020.

TOSSOU, T & YOKOSSI. **Afrique de l'Ouest: Comment financer les entreprises?** -Le 24 janvier 2012. Article disponible sur : http://www.lafriquedesidees.org/comment-financer-les-entreprises-en-afrique-de-louest/. Consulté 20/11/2017.

COMPTE RENDU

Banque Mondiale, **La pandémie de Covid-19 (coronavirus) entraîne l'Afrique subsaharienne vers sa première récession depuis 25 ans.** Pour plus d'informations consulter le document sur : https://www.banquemondiale.org/fr/news/press-release/2020/04/09/covid-19-coronavirus-drives-sub-saharan-africa-toward-first-recession-in-25-years#:~:text=L'analyse%20chiffre%20les%20pertes,pays%20fortement%20int%C3%A9gr%C3%A9s%20dans%20les. Document consulté le 19/01/2021.

BASTIANUTTI, Julie . **Norberto Bobbio, la règle au coeur de la démocratie**. Le Libellio d'Aegis, 2008, 4 (2), pp.19-28. ⟨hal-00408212⟩

DURU-BELLAT, Marie, « Branko Milanovic, Global Inequality. A New Approach for the Age of Globalization », Lectures [En ligne], Les comptes rendus, 2017, mis en ligne le 01 février 2017. URL :http://journals.openedition.org/lectures/22236. Consulté le 07/02/2018.

Nelson Mandela cité par George Ayittey, in « **La démocratie en Afrique précoloniale** », Afrique 2000, n° 2, juillet 1990, p. 39.

NGUEMA-MENGUE, Regina- Marciale. **La representation des conflits chez ahmadou Kourouma et Alain Mabanckou(1998-2004)**. Nov. 2009.

PUBLICATIONS GOUVERNEMENTALES, INTERNATIONALES ET ONG

BRASIL. Ministério da Educação. Programa Estudante Convênio de Graduação, 2016. Disponível em: <http://portal.mec.gov.br/pec-g>. Acessado em: 02 mai. de 2018.

CEDEAO, **Evaluation de la mise en oeuvre du Schéma de libéralisation des échanges au sein de la CEDEAO**, Pub. Ministère du commerce du Sénégal, 2006

CEDEAOA, **Mémorandum, sur les enjeux du secteur agricole dans la politique de commerce extérieur de la CEDEAO**, Pub. CEDEAO, 2005.

CEPII **Economie mondiale 1990-2000**: l'impératif de croissance. Rapport du CEPII, en Collaboration avec l'équipe MImosa de l'OFCE. 1992, p.277.

CONFERENCE DES NATIONS UNIES SUR LE COMMERCE ET LE DEVELOPPEMENT. *Principes directeurs des nations unies pour la protection du consommateur (tel qu'étendus en 1999)'* New York et Genève' 2001 UNCTAD/DITC/CLP/Misc.21' p.31Id

DIOUF. Mamadou, **Le clientélisme, la "technocratie" et après** ? Dakar/ Codesria, 1992, p. 233-278.

DOCUMENT FINAL DE LA CONFERENCE INTERPARLEMENTAIRE SUR **"L'EDUCATION, LA SCIENCE, LA CULTURE ET LA COMMUNICATION A L'AUBE DU 21E SIECLE**, Organisée conjointement par l'Union interparlementaire et l'UNESCO Paris (France), 3-6 juin 1996 La vision parlementaire pour l'éducation, la culture et la communication à l'aube du 21e siècle. Document disponible sur : http://archive.ipu.org/splz-f/unesco96.htm .Récupéré le 19/02/2018.

EXPOSE DES MOTIFS **loi n° 2002-23 du 4 septembre 2002 portant cadre de regulation pour les entreprises concessionnaires de services publics**. Disponible sur :https://www.ofnac.sn/resources/pdf/Lois/loi%20n%20200223%20du%204%20 septembre%202002%20portant%20cadre%20de%20regulation%20ARTP.pdf. Consulté le 07/03/2019.

ELO, M. Mikko, **Démocratie et développement économique**, 1999. Rapport disponible sur : http://assembly.coe.int/nw/xml/XRef/X2H-Xref-ViewHTML.asp?fileid=8028&lang=FR. Récupéré le 19/02/2018.

FRANÇA – GUINÉ-BISSAU: Documento do quadro de parceria (DCP), 2008-2012. Disponível em: http://www.imf.org/external/lang/Portuguese/pubs/ft/scr/2011/cr11353p.pdf 02-10-2012. Consulté le 19/02/2018.

INTEGRATION REGIONALE EN AFRIQUE DE L'OUEST : **Défis et Opportunités pour le Sénégal**. Rapport final décembre 2013 disponible sur : https://www.afdb.org/fileadmin/uploads/afdb/Documents/Publications/SEN-Rap_final__Integ_R%C3%A9g_FR.pdf. Consulté le 15/02/2018.

L'AFREC assure le secrétariat de la CEMA (Conférence des Ministres africains en charge de l'Energie), chargée de coordonner les politiques et stratégies en matière d'énergie électrique en Afrique (décision des Ministres Africains de mars 2006). Disponible sur : http://afrec-energy.org/Fr/energie_africaine.html. Consulté le 17/02/2018.

LA BANQUE MONDIALE, **Rapport Annuel 2017**. Disponible sur le lien: https://openknowledge.worldbank.org/bitstream/handle/10986/27986/211119FR.pdf? Sequence=8&isAllowed=y. Consulté le 23/01/2018 p.36-37.

La Gouvernance pour l'Avenir : **démocratie et développement dans les pays les moins avancés.** Document publié par PNUD, 2006. Disponible sur : http://www.sa.undp.org/content/dam/undp/library/Democratic%20Governance/french/gouvernance_pour_l_avenir.pdf. Récupéré le 19/02/2018.

L'environnement et les opportunités d'investissements privés en mode Partenariats Public Privé en Afrique Olivier Fremond, Conseiller du Département Partenariats Public-Privé de la Banque mondiale. Pour plus de lecture le cours est disponible sur : https://pt.coursera.org/learn/partenariats-public-prive. Consulté le 16/02/2018.

MEVEL, Simon. KARINGI, Stephen. « **Deepening Regional Integration in Africa : A Computable General Equilibrium Assessment of the Establishment of a Continental Free Trade Area followed by a Continental Customs Union** », document présenté à la 7ème Conférence économique africaine, 2012.

MINISTERIAL CONFERENCE, 10TH, NAIROBI, 2015. Diponible sur : https://www.wto.org/english/thewto_e/minist_e/mc10_e/mc10_e.htm. Consulté le 20/11/2017.

Nation Unies, **l'Afrique économique et sociales** (département), **la coopération et l'intégration économique en Afrique de l'Ouest** : six Etudes régionales, 2002

OMC, Rapport 2015 sur le commerce mondial, Genève, 2015.

POUR UNE GOUVERNANCE DÉMOCRATIQUE, Document d'orientation de la politique de coopération française. Disponible sur : https://www.diplomatie.gouv.fr/IMG/pdf/Pour_une_gouvernance_democratique-2.pdf. Consulté le 18/02/2018.

PIDA- Programme pour le développement des infrastructures en Afrique. Disponible   sur

:https://www.afdb.org/fileadmin/uploads/afdb/Documents/Project-and-Operations/PIDA%20note%20French%20for%20web%200208.pdf. Consulté le 15/02/2018.

Politique en Matière de Coopération Économique et d'intégration. Document disponible sur : https://www.afdb.org/fileadmin/uploads/afdb/Documents/Policy-Documents/10000021-FR-POLITIQUE-DE-COOPERATION-ECONOMIQUE-ET-D%60INTEGRATION-REGIONALE.PDF. Consulté le 20/02/2018.

Rapport de Genève Oct. 2017 du Ministre du Commerce du Sénégal Alioune Sarr disponible sur : http://www.commerce.gouv.sn/article.php3?id_article=498#sthash.u64Hyn1z.dpbs. Consulté le 20/02/2018.

Rapport du Secrétaire générale, *Dans une plus grande liberté*, A/59/2005, paragraphe 148.

Le Rapport Économique sur L'Afrique (2015). Rapport Disponible sur : https://www.un.cv/files/era2015_fre_fin.pdf .Consulté le 20/02/2018.

Rapport FAO disponible sur : http://www.fao.org/docrep/018/i3222f/i3222f.pdf. Consulté le 04/12/2017

Rapport FAO, 2015. Croissance Agricole en Afrique de l'Ouest, Facteurs déterminants de marché et de politique. disponible sur : https://www.afdb.org/fileadmin/uploads/afdb/Documents/Publications/Croissance_Agricole_en_Afrique_de_l%E2%80%99Ouest__Facteurs_d%C3%A9terminants_de_march%C3%A9_et_de_politique_-_OSAN.pdf . Consulté le 20/02/2018.

Rapport régional de l'Afrique sur les objectifs de développement durable, 2015. Disponible sur :https://www.uneca.org/sites/default/files/uploadeddocuments/SDG/africa_regional_report_on_the_sustainable_development_goals_summary_fr.pdf.onsulté le 17/02/2018.

Rapport sur l'interdépendance et la solidarité Nord-Sud, Rapporteurs: M. AARTS, Pays-Bas, Démocrate-Chrétien, et M. HOLTZ, Allemagne, SPD. Document disponible sur : http://www.assembly.coe.int/nw/xml/XRef/X2H-Xref-ViewHTML.asp?FileID=6921&lang=fr. Consulté le 19/02/2018.

Rapport Afrique de l'Ouest 2007-2008, Capital économique. Document disponible sur : https://www.oecd.org/fr/csao/publications/42358527.pdf. Consulté le 15/02/2018.

Rapport I6 Projets d'infrastructures pour l'intégration africaine disponible sur : https://www.uneca.org/archive/sites/default/files/PublicationFiles/16-infrastructure-projects_fr.pdf. Consulté le 20/01/2021.

RAPPORT SUR LA GOUVERNANCE EN AFRIQUE IV, 2016. Disponible sur :https://www.uneca.org/sites/default/files/PublicationFiles/agriv_fre_fin_12april.pdf. Consulté le 25/11/2017.

Reconstruire le potentiel alimentaire de l'Afrique de l'Ouest: Politiques et incitations du marché pour la promotion des filières alimentaires intégrant les petits producteurs. Document disponible sur : http://www.fao.org/docrep/018/i3222f/i3222f.pdf. Consulté le 04/12/2017.

SCHWAB, Klaus. World Economic Forum. **The Global Competitiveness Report** 2013–2014. Document disponible sur:http://www3.weforum.org/docs/WEF_GlobalCompetitivenessReport_2013-14.pdf. Consulté le 23/11/2018.

The African Development Bank. www.afdb.org›sommaire›themes et secteurs› secteurs› secteurs privé› domaines prioritaires. Consulté le 25/11/2017.

The Infrastructure Consortium for Africa. Document sur l'énergie en Afrique disponible sur : https://www.icafrica.org/fr/topics-programmes/energy/. Consulté le 25/11/2018.

The African Continental Free Trade Area. Document disponible sur le site de la Banque mondiale sur :https://www.banquemondiale.org/fr/topic/trade/publication/the-african-continental-free-trade-area.print.%20Zone%20de%20libre%C3%A9change%20continentale%20africaine%20:%20effets%20%C3%A9conomiques%20et%20redistributifs.%2027%20juillet%202020. Consulté le 19/01/2021.

THE AFRICAN CONTINENTAL FREE TRADE ARE: E**conomic and Distributional Effects**. Document disponible sur :https://openknowledge.worldbank.org/bitstream/handle/10986/34139/9781464815591.pdf?sequence=4&isAllowed=y. Consulté le 19/01/2021.

TERAVANINTHORN, Supee; RABALLAND, Gaël. 2009. **Transport Prices and Costs in Africa: A Review of the International Corridors**. Directions in Development; Infrastructure. Washington, DC: World Bank. © World Bank. https://openknowledge.worldbank.org/handle/10986/6610 License: CC BY 3.0 IGO.

WORLD BANK GROUP, public-private partnership in infrastructure resource center. Disponible sur : https://ppp.worldbank.org/public-private-partnership/fran%C3%A7ais/%C3%A0-propos-des-ppp/avantages-et-risques-des-pppenseignements-tir%C3%A9s-des-exp%C3%A9riences/avantages-Consulté le 16/02/2018.

MÉMOIRES

DAGENAIS, Dominic, **La décolonisation Mali et au Sénégal, 1958-1962: Essai d'explication d'une évolution politique contrastée**.2006. Mémoire disponible sur :https://papyrus.bib.umontreal.ca/xmlui/bitstream/handle/1866/16837/Dagenais_Dominic_2005_memoire.pdf?sequence=1. Récupéré le 19/02/2018.

DOUKA ALASSANE, Mahamidou, **Le rôle des acteurs sous-régionaux dans l'intégration économique et politique: l'étude de cas de la CEDEAO**, 2006. Mémoire disponible sur : https://www.memoireonline.com/10/07/625/m_role-acteurs-sous-regionaux-integration-eco-politique-cedeao1.html. Récupéré le 29/01/2018.

NDAO, Momar, **Limites de la protection des consommateurs par les autorités de régulation**, 2008. Disponible sur : https://www.memoireonline.com/11/09/2890/m_Limites-de-la-protection-des-consommateurs-par-les-autorites-de-regulation3.html#toc7. Consulté le 07/03/2019.

ZOUNGRANA, Ibrahim. **Réflexions autour de la protection des consommateurs de la zone UEMOA dans sa perspective d'intégration économique communautaire : Étude comparative avec le droit europén** (Français). Droit. Université de Perpignan, 2016. Français. ffNNT : 2016PERP0030ff. fftel-01453166.

SITES

Afrique Renouveau. **L'Afrique : nouvelle frontière économique mondiale?**, Août 2012 Vol. 26 No. 2, disponible sur : http://www.un.org/fr/africarenewal/vol26no2/Africa-Renewal-Aug-2012-fr.pdf. Consulté le 23/11/2017.

Afrique: état des lieux de la démocratie. Article publié en avril 2010, à l'occasion du cinquantenaire des indépendances africaines. Disponible sur : http://www.rfi.fr/afrique/20100416-afrique-etat-lieux-democratie. Consulté le 23/11/2017.

BALDWIN Richard: «**Inévitablement, la mondialisation va s'accélérer**» Lire plus sur: https://www.letemps.ch/economie/richard-baldwin-inevitablement-mondialisation-va-saccelerer. Consulté le 20/11/2017

Banque Africaine de Développement. **Rapport sur le développement en Afrique.** Document à consulter sur

:https://www.afdb.org/fileadmin/uploads/afdb/Documents/Publications/Rapport
%20sur%20le%20d%C3%A9veloppement%20en%20Afrique%202011%20-
%20Chapitre%208Le%20r%C3%B4le%20de%20la%20Banque%20africaine%
20de%20d%C3%A9veloppement%20dans%20le%20d%C3%A9veloppement%
20du%20secteur%20priv%C3%A9.pdf. Consulté le 15/02/2018.

Blocos Econômicos. Document dispoble sur : http://blocos-
economicos.info/.Consulté le 19/11/2017.

Brexit and Trumphalism explained in one elephant of a graph
http://www.cultivatingleadership.co.nz/uncategorized/2016/06/brexit-and-
trumphalism-explained-in-one-elephant-of-a-graph. Conaulté le 19/11/2017.

**Cellule de crise des femmes : nouvelle approche pour réduire les violences
électorales**. Document disponible sur le site :
http://www.un.org/africarenewal/fr/magazine/ao%C3%BBt-2015/cellule-de-
crise-des-femmes-nouvelle-approche-pour-r%C3%A9duire-les-violences.
Consulté le 22/11/2017.

Charte africaine de la democratie, des elections et de la gouvernance.
disponible sur :http://archive.ipu.org/idd-f/afr_charter.pdf . Consulté le
23/11/2017.

Communauté Economique des Etats de l'Afrique de l'Ouest(CEDEAO).
Secteur du Commerce. Document disponible sur:
http://www.ecowas.int/secteurs-de-la-cedeao/commerce/?lang=fr . Récupéré le
02/12/2017.

DECLARATION UNIVERSELLE SUR LA DEMOCRATIE. Document
disponible sur : http://archive.ipu.org/cnl-f/161-dem.htm. Consulté le
22/11/2017.

DEMOCRATIE. Document disponible sur le site : http://lettres.tice.ac-orleans-
tours.fr/php5/coin_eleve/etymon/divers/demo.htm. Consulté le 20/11/2017.

**Intcgration Régionale en Afrque de l'Ouest: Défis et Opportunités pour le
Sénégal**. Document à consulter sur:
https://www.afdb.org/fileadmin/uploads/afdb/Documents/Publications/SENRap
_final__Integ_R%C3%A9g_FR.pdf. Consulté le 15/02/2018.

Groupe la Banque Africaine de Développement. Consulter le site:
www.afdb.org›sommaire›themes et secteurs›secteurs›secteurs privé›domaines
prioritaires. Consulté le 25/11/2017.

FREEDOM HOUSE. Côte d'ivoire: une decennie de crimes graves non encore
punis. Document disponible sur :
https://freedomhouse.org/sites/default/files/Cote%20dIvoire%20report.pdf.
Consulté le 17/08/2020.

IGHOBOR, KINGSLEY. ZLECA : **l'Afrique se prépare au libre-échange dès janvier 2021 Enthousiasme des commerçants malgré les retards au démarrage et la COVID-19,** Afrique Renouveau: Novembre-Decembre 2020. Disponible sur :https://www.un.org/africarenewal/fr/magazine/novembre-decembre-2020/zleca-lafrique-se-pr%C3%A9pare-au-libre-%C3%A9change-d%C3%A8s-janvier-2021. Consulté le 19/01/2021.

LA DEMOCRATIE ET LES NATIONS UNIES. Document disponible sur : http://www.un.org/fr/events/democracyday/pdf/democracy.pdf. Consulté le 22/11/2017.

L'aide pour le commerce peut-elle contribuer à la facilitation du commerce des pays africains? Document disponible sur le site: https://www.ictsd.org/bridges-news/passerelles/news/laide-pour-le-commerce-peut-elle-contribuer-%C3%A0-la-facilitation-du . Consulté le 20/11/2017.

Le Brésil, un géant qui émerge en Afrique. A lire plus sur: http://www.slateafrique.com/1947/bresil-geant-qui-emerge-en-afrique. Consulté le 19/11/2017.

Le Consortium pour les Infrastructures en Afrique. **Programme Énergie.** A lire plus sur: https://www.icafrica.org/fr/topics-programmes/energy/. Consulté le 25/11/2018.

KEITA, Nasser, PhD Directeur du Laboratoire de Recherche Économique et Conseils (LAB-REC). **La question du financement des infrastructures énergetiques en Afrique.** Lire l'article complet sur : http://guinee7.com/2016/12/13/de-la-question-du-financement-des-infrastructures-energetiques-en-afrique-par-dr-nasser-keita/#CxbfZM55YxZAyTqo.99, Consulté le 16/02/2018.

Le Consortium pour les infrastructures en Afrique (ICA). Lire le document complet sur: www.icafrica.org sommaire›themes et programmes. Consulté le 25/11/2017.

Les chaînes de valeur mondiales, nouveau modèle du commerce international. Document disponible sur : http://iledefrance-international.fr/actualites/les-chaines-de-valeur-mondiales-nouveau-modele-du-commerce-international. Consulté le 20/11/2017.

L'OMC EN QUELQUES MOTS. Docuement à consulter sur le site : https://www.wto.org/french/thewto_f/whatis_f/inbrief_f/inbr02_f.htm. Récupéré le 17/02/2018.

Protocole A/Sp1/12/01 sur la Democratie et la Bonne Gouvernance Additionnel au Protocole Relatif au Mécanisme de Prévention, de Gestion, de Règlement des Conflits, de Maintien de la Paix et de la Sécurité. disponible sur :https://www.eisa.org.za/pdf/ecowas2001protocol1.pdf. Consulté le 23/11/2017.

Making Finance Work for Africa. À lire plus sur: www.mfw4a.org. Consulté le 04/12/2017.

Protection du consommateur : **La CEDEAO renforce le mécanisme**. Disponible sur :https://www.leconomistedufaso.bf/2018/12/03/protection-du-consommateur-la-cedeao-renforce-le-mecanisme/. Consulté le 25/03/2019.

Rapport Afrique de l'Ouest 2007-2008. Capital économique disponible sur: https://www.oecd.org/fr/csao/publications/42358527.pdf. Consulté le 15/02/2018. Portal Africa. **L'Agriculture Brésilienne pour les tropiques.** A lire plus sur :http://187.33.1.140/portalafrica/public_html/index.html.consulté le 19/11/2017.

Rapport sur le commerce mondial 2014. **Commerce et développement: tendances récentes et rôle de l'OMC**. Docuemnt disponible sur le site : https://www.wto.org/french/res_f/booksp_f/world_trade_report14_f.pdf. Consulté le 20/11/2017.

Semana da África. Consulté sur le site: http://blog.itamaraty.gov.br/83-semana-da-africa . Consulté le 19/11/2017.

WORLD ECONOMIC FORUM. **Global Competitiveness Report 2013-14** disponible sur:http://www3.weforum.org/docs/WEF_GlobalCompetitivenessReport_2013-14.pdf. Consulté le 23/11/2018.

SEMINAIRE INTERNATIONAL. **LE PARTENARIAT PUBLIC-PRIVE (PPP) : CADRE REGLEMENTAIRE ET INSTITUTIONNEL**. Document disponible sur:http://www.cridem.org/media/documents/ppp-fiche-111.pdf.Consulté le 15/02/2018.

ARTICLES DE JOURNAUX

Afrique Occidentale Française A.O.F. document disponible sur : https://www.africa-onweb.com/histoire/afrique-occidentale-fran%C3%A7aise.htm. Récupéré le 19/02/2018.

ALEXIS DIETH. *Le fléau de la manipulation des constitutions en Afrique.* 2014. Document disponible sur : https://blogs.mediapart.fr/alexis-dieth/blog/081114/le-fleau-de-la-manipulation-des-constitutions-en-afrique. Consulte le 23/08/2020. Consulté le 16/08/2020.

DIATTA, Thomas. **La Sécurité du consommateur sénégalais**. Disponible sur: http://sendroit.over-blog.com/article-la-securite-du-consommateur-senegalais-90993080.html. Publié le 2 décembre 2011. Consulté le 21/03/2019.

DIEYE, Cheikh Tidiane. « **L'Afrique et le chevauchement des accords régionaux** », Revue Interventions économiques [En ligne], 55 | 2016, mis en ligne le 29 juin 2016,. URL : http://journals.openedition.org/interventionseconomiques/2815. consulté le 28 février 2018.

Guerra civil desconfigurou Guiné-Bissau há 18 anos. A lire plus sur : https://expressodasilhas.cv/mundo/2016/04/05/guerra-civil-desconfigurou-guine-bissau-ha-18-anos/48211. Récupéré le 20/02/2018.

MUTUME, Gumisai. **Stimuler le commerce intra-africain**. Article disponible sur : http://www.un.org/africarenewal/fr/magazine/septembre-2002/stimuler-le-commerce-intra-africain. Récupéré le 20/11/2017.

La décolonisation et ses conséquences (1945-fin des années 1980), disponible sur:http://www.lemonde.fr/revision-du-bac/annales-bac/histoire-terminale/la-decolonisation-et-ses-consequences-1945-fin-des-annees-1980_t-hrde124.html#K4FcQIoPLhumxKsr.99. Récupéré le 19/02/2018.

La rédaction de Mondafrique in Afrique Confidentiels On 12 octobre 2015, disponible sur: https://mondafrique.com. Récupéré le 20/10/2017.

La situation des échanges commerciaux en Afrique de l'Ouest passée au crible. Article de: https://www.leral.net/La-situation-des-echanges-commerciaux-en-Afrique-de-l-Ouest-passee-au-crible_a64457.html. Rédigé par leral.net le Vendredi 23 Novembre 2012 à 10:39. Récupéré le 18/02/2018.

Les Manifestations de l'opposition Togolaise, article à lire de: http://www.togoactualite.com/tag/manifestations/page/28/?print=print-search. Récupéré le 19/02/2018.

Nsiri, Elarbi Mohamed , **Le printemps arabe et le défi démocratique**, 2013. Article disponible sur : http://www.huffpostmaghreb.com/mohamed-arbi-nsiri/le-printemps-arabe-et-le-_b_3700900.html. Récupéré le 19/02/2018.

Libéralisation des échanges de la CEDEAO. Disponible sur : http://veille-ci.com/Atelier-de-partage-des-resultats-168.html/ Libéralisation des échanges de la CEDEAO. Consulté le 02/12/2017.

Libéralisation des échanges de la CEDEAO. Disponible sur : http://veille-ci.com/Atelier-de-partage-des-resultats-168.html/ Libéralisation des échanges de la CEDEAO. Consulté le 02/12/2017.

MATIN, Fraternité . **Instabilité en Afrique : 73 coups d'état depuis 1952, 75 conflits armés depuis 1945** , le 16 janvier 2004, publié sur ufctog. Consulté plus sur :http://www.ufctogo.com/Instabilite-en-Afrique-73-coups-d-249.html. Récupéré le 20/02/2018.

M'BA,Charles : « **Ali Bongo n'a aucune légitimité pour appeler au dialogue des Gabonais**» . A lire plus sur : : http://info241.com/charles-m-ba-ali-bongo-n-est-pas-legitime-pour-appeler-au,2651. Récupéré le 20/02/2018

MOLET, Laura , ZERROUKY, Madjid , VAUDANO, Maxime et LECLERC, Aline . **Démissions, coups d'Etat, élections… quelles transitions au pouvoir en Afrique** ? En savoir plus sur http://www.lemonde.fr/les-decodeurs/article/2017/11/22/le-depart-de-mugabe-au-zimbabwe-nouvelle-etape-dans-les-transitions-democratiques-en-afrique_5218845_4355770.html#fadChzECfvQAq5wH.99. Récupéré le 19/02/2018.

SERRES, François. **Hama Amadou a saisi la Cour de Justice de la CEDEAO** (Avocat). Plus d'informations sur : http://news.aniamey.com/h/79380.html. Récupéré le 02/12/2017.

ARTICLES GÉNÉRAUX

BADIE, BERTRAND, **Je dis Occident** : démocratie et développement, disponible sur : http://www.revue-pouvoirs.fr/IMG/pdf/Pouvoirs52_p43-53_occident.

Contribution au débat, adoptée par le Bureau dans sa réunion du mardi 14 mai 2002. Document disponible sur : http://www.ladocumentationfrancaise.fr/var/storage/rapports-publics/024000464.pdf. Récupéré le 20/02/2018.

BARRO R.J « **Governement spending in a simple model of endogenous growth** », Journal of Political Economy, (1990): p 103-125.

CHAZAL, Jean Pascal. **Vulnérabilité et droit de la consommation**. Cohet-Cordey, Frédérique. Colloque sur la vulnérabilité et le droit, Mar 2000, Université P. Mendès-France, Grenoble II, France. Presses Universitaires de Grenoble, pp.00-00, 2000.

CISSE, Losseni. **La problématique de l'Etat de droit en Afrique de l'ouest : analyse comparée de la situation de la Côte d'Ivoire, de la Mauritanie, du Libéria et de la Sierra Léone**. Droit. Université Paris-Est, 2009. Français.

COULIBALY, Siaka. **Quelle socitété civile pour le renforcement de la démocratie au Burkina Faso**? Article disponible sur : http://www.spong.bf/wp-content/uploads/2014/09/siaka_coulibaly_societe_civile_renforcement_de_la_democratie_fr.pdf. Récupéré le 20/02/2018.

Godonou, Joël T. **Afrique : 50 ans d'indépendance des pays africains: « Echec et mat »**, 2010. Article de :http://rwandaises.com/2010/05/afrique-50-ans-dindependance-des-pays-africains-echec-et-mat-selon-joel-t-godonou/. Récupéré le 19/02/2018.

GUEDEGBE, Onasis Tharcisse Adétumi, Plus d'informations sur : http://www.ocppc.ma/publications/faciliter-les-%C3%A9changes-alimentaires-au-sein-de-la-cedeao#.Woxv6K6nGM8. 2016. Consulté le 20/02/2018.

HUGON, Philippe, **L'économie de l'Afrique**. La Découverte, « Repères », 2009, 128 pages. ISBN : 9782707159670. URL: https://www.cairn.info/l-economie-de-l-afrique--9782707159670.htm

LEROUEIL. Emmanuel, **Histoire de la colonisation de l'Afrique,** disponible sur : http://terangaweb.com/histoire-de-la-colonisation-de-lafrique-1-le-contexte/

NOTES

Discussion sur les enjeux des négociations de l'OMC pour l'Afrique avec François Xavier Ngarambe, Ambassadeur du Rwanda. Interview disponible sur :https://www.ictsd.org/bridges-news/passerelles/news/discussion-sur-les-enjeux-des-n%C3%A9gociations-de-l%E2%80%99omc-pour-l%E2%80%99afrique. Consulté le 20/11/2017.

Évaluer l'impact des accords méga-régionaux pour l'Afrique. Article disponible sur:http://endacacid.org/latest/index.php?option=com_content&view=article&id=1546:evaluer-l-impact-des-accords-mega-regionaux-pour-l afrique&catid=528&Itemid=1891. Consulté le 05/20/2018

Ministère des Affaires Étrangères de la Guinée-Bissau, entretien avce Mr. Dionilson Diamantinho Joaquim Ferreira, directeur des affaires bilatérales de la direction générale de la politique externe du Ministère des affaires étrangères de la Guinée-Bissau le 11/01/2018.

Propos recueillis par Louis Maurin disponible sur :http://www.alternatives-economiques.fr/acteurs-sociaux--penser-le-changement--entretien-avec-alain-touraine_fr_art_33_3089.html. Consulté le 22/11/2017.

PUTZHAMMER, Fritz, Chef de projet à temps partiel pour le projet Global Economic Dynamics (GED) de la Fondation Bertelsmann. Ulrich Schoof, Responsable de l'équipe Global Economic Dynamics (GED) au sein de la Fondation Bertelsmann.